Muerte aparente
en el pensar

Todos los derechos reservados.
Cualquier forma de reproducción, distribución, comunicación pública o transformación de esta obra sólo puede ser realizada con la autorización de sus titulares, salvo excepción prevista por la ley. Diríjase a CEDRO (Centro Español de Derechos Reprográficos, www.cedro.org) si necesita fotocopiar o escanear algún fragmento de esta obra.

Título original: *Scheintod im Denken.*
Von Philosophie und Wissenschaft als Übung.
Unseld Lecture, Tübingen 2009
En sobrecubierta: Peter Sloterdijk.
Fotografía de © Markus Tedeskino/Agentur Focus/Contacto
Colección dirigida por Ignacio Gómez de Liaño
Diseño gráfico: Gloria Gauger
© Suhrkamp Verlag, Berlín 2010
© De la traducción, Isidoro Reguera
© Ediciones Siruela, S. A., 2013
c/ Almagro 25, ppal. dcha.
28010 Madrid. Tel.: + 34 91 355 57 20
Fax: + 34 91 355 22 01
www.siruela.com
ISBN: 978-84-9841-827-9
Depósito legal: M-7.196-2013
Impreso en Anzos
Printed and made in Spain

Papel 100% procedente de bosques gestionados
de acuerdo con criterios de sostenibilidad

Peter Sloterdijk

Muerte aparente en el pensar

Sobre la filosofía y la ciencia como ejercicio

**Unseld Lecture
Tubinga 2009**

Traducción del alemán de
Isidoro Reguera

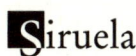

Biblioteca de Ensayo 79 (Serie Mayor)

Índice

Advertencia preliminar:
La teoría como forma de vida ejercitante					11

1 Ascesis teórica, moderna y antigua					25
2 «El observador ha aparecido». Sobre el surgimiento
   del ser humano capaz de *epojé*					55
3 La muerte aparente teórica y sus metamorfosis					89
4 Modernidad cognitiva. Los atentados contra
   el observador neutral					119

Agradecimientos					133

«[...] con razón dicen los poetas: "El espíritu es el dios en nosotros" y "la vida mortal encierra en sí una parte de un dios" [...]. Sólo queda, pues, una alternativa: o filosofar o despedirse de la vida y apartarse de ella.»

Aristóteles, *Protréptico*

«Se puede aprender mucho de ambos, del muerto aparente que ha vuelto y de Moisés que ha vuelto, pero de lo decisivo no es posible enterarse por ellos, ya que ellos mismos no lo han experimentado. Si lo hubieran experimentado, no habrían vuelto. Además, tampoco nosotros queremos experimentarlo en absoluto.»

Franz Kafka, *Von Scheintod [De la muerte aparente]*

Señoras y señores,

del filósofo griego Epicuro se ha transmitido el sentido de esta frase: quien habla a los seres humanos debiera pensar que un discurso corto y uno largo vienen a ser lo mismo. Cito ocasionalmente esta observación al comienzo de mis conferencias para explicar al público, la mayoría de las veces un tanto alarmado por ella, que ha de prepararse esa vez para la versión larga, que puede ofrecerse sin perjuicio en lugar de la corta. Hoy es un caso así. Para que sepan ya lo que les espera durante la próxima hora –y hay que considerar que, según informes de los expertos, la hora tubingense resulta algo más larga que sesenta minutos de tiempo estándar–, quiero hacer algo que parece que practicaron ocasionalmente rapsodas de épocas pasadas al comienzo de sus recitados: en la medida en que puedo preverlo, voy a anticipar punto por punto el contenido de lo que ha de esperarse aquí y a anunciar con todo el detalle posible lo que según el estado actual de la planificación habrá de escucharse. Con ello se disipa desde el principio toda tensión superflua y ustedes serán libres de seguir con toda tranquilidad el desarrollo del ponente, al conocer el inicio, la mitad y el final de su propósito.

He dividido mis consideraciones en cuatro apartados, de lo que ya pueden deducir, por lo demás, que no les hablo como miembro del gremio teológico. Como saben, dado que a los teólogos les gusta introducirse en la vida interior de Dios, en la que domina el número tres, prefieren articular sus pensamientos en tres capítulos, ocasionalmente también en siete, en tanto elevan su voz a imitación del creador, o en diez, si se asimilan al artífice de la tabla de los mandamientos. Por contra, yo lo intento esta tarde con la cuaternidad filosófica clásica, fundada en el supuesto de que para decir la verdad hay que saber contar hasta cuatro.

Así pues, con intención preparatoria, hablaré primero sobre la ciencia como antropotécnica ejercitante en general, perfilando objetiva e históricamente el tema. Para ello recordaré a dos figuras fundamentales del pensamiento filosófico: Edmund Husserl, que propugna un nuevo comienzo moderno de la filosofía como teoría precisa, y Sócrates, con cuya aparición hace casi dos mil quinientos años se instaura la búsqueda antigua de verdad y sabiduría, de la que surgió el fenómeno, virulento hasta hoy día, llamado «filosofía».

En el segundo apartado, todavía orientado más propedéutica que directamente al asunto, hablaré del múltiple condicionamiento del ser humano capaz de *epojé* (pido paciencia hasta que encuentre la ocasión de clarificar esa expresión posiblemente oscura). Respecto a ella sólo quiero indicar ahora que contiene una propuesta interpretativa del fenómeno, evolutivamente tan improbable y empíricamente tan masivo, del *bíos theoretikós* en sus numerosas variantes, cuya presencia inquieta moralmente y estimula cognitivamente a las comunidades humanas desde hace más de dos milenios y medio. Motivo suficiente para preguntarse por las condiciones de posibilidad del comportamiento teórico.

En el tercer apartado avanzaré hasta el núcleo del tema de hoy, ocupándome de la configuración o autogeneración del ser humano desinteresado. Esto exige que exponga (con la brevedad requerida, se entiende) las doctrinas, conocidas desde la Antigüedad, sobre la muerte aparente epistémica de los sabios. Habrá que mostrar por qué la idea de que el ser humano pensante ha de ser una especie de muerto en vacaciones es inseparable de la cultura de la racionalidad de la vieja Europa, sobre todo de la filosofía clásica, inspirada por Platón. Encontraremos ocasión para poner de manifiesto la famosa sentencia de Sócrates según la cual de lo que se trata para el verdadero amante de la sabiduría es de estar, ya en vida, tan muerto como sea posible; pues, de creer al idealismo, sólo los muertos gozan del privilegio de contemplar «autópticamente», algo así como cara a cara, las verdades del más allá. No se trata, naturalmente, de muertos en el sentido de las empresas de pompas fúnebres, sino de muertos filosóficamente, gentes que tras la deposición del cuerpo se convierten supuestamente en intelectuales puros o espíritus anímicos impersonales. Con sus insinuaciones, Sócrates, impulsor de la teoría, sugiere que el estar muerto puede aprenderse en cierto modo. Lo que se llama método no es, pues, simplemente el camino científico a las cosas, es también la aproximación al estado de casi-muerte promotor de conocimiento. Ya Platón conoció un adelanto de la muerte, pero no de la «muerte propia», que Heidegger reclamó en *Ser y tiempo* (1927) como su doctrina de la decisión por la existencia auténtica, sino más bien un adelanto de la muerte que vuelve anónimo, que supera todo lo privado e individual, con el que se paga el acceso a la gran teoría que permanece detrás. Esto significa, por lo demás, que el *ars moriendi*, tan alabado en otros tiempos, que pasaba por ser la disciplina reina de la ética tanto para los estoicos de la Antigüedad como para ciertos teólogos místicos de la baja Edad Media, no implica tanto como podía suponerse la asunción del heroísmo en la esfera de la vida contemplativa. Constituye, más bien, un capítulo central de la teoría del conocimiento. Bajo el supuesto platónico de que lo eterno e inmortal sólo se conoce mediante algo de igual condición, la búsqueda en nosotros de un órgano apropiado para ello adquirió la máxima importancia. Su éxito decide sobre la posibilidad de teoría auténtica, tal como la entendían los antiguos. Si en vida no pudiéramos activar ya un órgano así para lo imperecedero, sería vana la esperanza de conocimiento válido y permanente. Pero, si poseemos algo semejante, hemos de esforzarnos por hacer uso de ello tan pronto como sea posible. Esto equivaldría al ensayo de morir «anticipadamente», no para estar muerto más tiempo, sino para poner de manifiesto nuestra latente capacidad de inmortalidad mientras permanecemos encerrados en la envoltura mortal. En el contexto de tales cuestiones singulares y melancólicas hay que examinar los fundamentos metafísicos del racionalismo de la vieja Europa; y veremos que la palabra «metafísico» significa aquí tanto como «epistemo-tanatológico».

En el cuarto y último apartado trataré del atentado que contra el *homo theoreticus* de tipo tradicional han perpetrado epistemólogos modernos, junto con filósofos naturalistas, ideólogos y espíritus agitados de todo color. Tal suceso viene a significar lo mismo que el asesinato de un muerto aparente. La interpretación de este drama paradójico –del que no se sabe si representa más bien un homicidio o una reanimación– nos ocupará en la consideración final. Comentaré entonces una ambivalencia inherente a la cultura racionalista moderna desde que se desconectó de su larga fase de impulso metafísico. Por una parte, saludamos la remundanización del saber desmundanizado como beneficio civilizatorio y a la vez como oportunidad política, y celebramos la vuelta de los pensantes al círculo de los vivientes normales. Por otra parte, nunca hemos considerado lo suficiente qué significa que nuestras convicciones epistemológicas actuales se basen en un crimen no fácilmente clasificable: precisamente en aquel asesinato del muerto aparente por el que ahora también los seres humanos teóricos vuelven a aparecer como gentes cercanas, se llamen Albert Einstein, Max Weber, Claude Lévi-Strauss o Niklas Luhmann.

Soy consciente de adentrarme con estas consideraciones en un terreno pocas veces hollado y menos aún investigado. ¿Quién, siquiera, plantea todavía hoy la cuestión de por qué a la cultura teórica de la vieja Europa le importaba la atención a los eminentes muertos aparentes tanto como a la Iglesia medieval el culto a los santos? Así como estamos aún muy lejos de haber sacado todas las consecuencias de la frase «Dios ha muerto», somos muy poco conscientes todavía de todas las implicaciones de la frase «el observador puro ha muerto». La secularización de los procesos cognitivos exige claramente mucho más tiempo del que fueron capaces de prever la mayoría de los positivistas del siglo XIX, los físicos de partículas del XX o los neurocientíficos del XXI. Con el asesinato del monstruo sagrado, como se consideraba hasta hace poco al conocedor, sólo se iniciaron las cosas; las consecuencias todavía no pueden controlarse. Para cometer este delito se reunió a un gran número de delincuentes por los motivos más dispares y con los más diversos instrumentos –voy a enumerar diez en total–, de modo que resulta prácticamente imposible la atribución de un porcentaje preciso de culpa a cada uno de los agresores.

De hecho, este crimen es un caso de lo que habría que llamar «angelocidio», es decir, que no puede ser perseguido oficialmente, porque ni los fiscales ni los epistemólogos admiten la existencia de ángeles. No los consideran una clase de sujetos susceptibles de ser asesinados y no se investigan indicios de posibles delitos perpetrados contra ellos. La casuística del asesinato de ángeles se complica aún más por la circunstancia de que no pueda constatarse un *corpus delicti*. Hay, en efecto, toda una plétora de motivos y presuntos autores, pero ningún cadáver que se asemeje a un ángel. Al contrario, cuando se liquidan ángeles dedicados a la teoría quedan seres humanos reales, demasiado reales, en aulas, en laboratorios, en bibliotecas y en reuniones de facultad interminables. Sí, si hubiera algo contra lo que estas víctimas de la desangelización pudieran querellarse sería el hecho de que se les ha desplazado de una irrealidad selecta a la existencia profana. No todos los sujetos de reanimaciones saludan su retorno a la vida plena; tengo efectivamente la sospecha de que ciertos teóricos contemporáneos lamentan su rescate de la bella muerte de lo desinteresado al terreno de la política real cognitiva. Pero también en este punto pido paciencia hasta que el progreso de mis explicaciones depare la oportunidad de concretar lo que por el momento sólo puede ser insinuado.

Hay otra observación introductoria que me parece imprescindible. Dado que todo lo que sigue sólo puede ser correctamente entendido y adecuadamente ordenado si se toma en serio el concepto de «ejercicio» en toda la amplitud de sus significados, no puedo por menos de anticipar unas palabras sobre esta categoría de la praxis humana, olvidada por la modernidad teórica, cuando no incluso aviesamente arrinconada y menospreciada. En mi último libro, *Has de cambiar tu vida. Sobre antropotécnica*, al que desde su aparición hace pocos meses[1] acompaña una ola de consideración positiva, he hecho el intento de devolver al concepto de ejercicio el alto grado de

---

[1] Peter Sloterdijk, *Du musst dein Leben ändern*, Fráncfort del Meno, marzo 2009 [*Has de cambiar tu vida. Sobre antropotécnica*, trad. de Pedro Madrigal, Pre-Textos, Valencia 2012].

valor que tendría que habérsele otorgado desde hace mucho a causa de su importancia en el *ethos* de las grandes culturas; valor que sin embargo se le ha negado hasta ahora a causa de vacíos sistemáticos en el vocabulario de la filosofía moderna y de puntos ciegos en el campo visual de las teorías sociológicas sobre la acción dominante. En el libro citado muestro con cierta exhaustividad cómo los criterios tradicionales de clasificación de la acción humana –sobre todo la conocida diferenciación, en principio sólo de competencia monacal, entre *vita activa* y *vita contemplativa*– hacían invisible, cuando no incluso impensable, la dimensión del ejercicio como tal. En cuanto se acepta la afilada distinción entre «activo» y «pasivo» como si se tratara de una alternativa absoluta y exclusiva, desaparece de la vista un amplio contexto de comportamiento humano que no es ni meramente activo ni meramente contemplativo: yo lo llamo «la vida ejercitante»[*].

Conforme a su naturaleza, la vida ejercitante constituye un ámbito de mezcla: aparece como contemplativa sin renunciar por ello a rasgos de actividad; aparece como activa sin perder por ello la perspectiva contemplativa. El ejercicio es la forma más antigua y de mayores consecuencias de una praxis autorreferente: sus resultados no confluyen en objetos o circunstancias externas, como sucede al trabajar y producir, sino que configuran al ejercitante mismo y lo ponen «en forma» como sujeto capaz de hacer cosas. El resultado del ejercicio se muestra en la «condición» actual, es decir, en el estado de capacitación del ejercitante, que, según el contexto, se describe como hábito, virtud, virtuosidad,

---

[*] O «la vida en ejercicio» *(das übende Leben)*. La expresión «en ejercicio» o «ejercitante», que hace ejercicio, que está en ejercicio constante, ha aparecido ya y aparecerá muchas veces más en el texto. El mismo autor lo explica a continuación. *(N. del T.)*

competencia, excelencia o *fitness*. El sujeto, considerado como asiento de sus series de entrenamiento, afirma y potencia sus habilidades en tanto se somete a los ejercicios oportunos; entre éstos se encuentran los que tienen un mismo nivel de dificultad, que hay que valorar como ejercicios de mantenimiento, y aquellos con un grado creciente de dificultad, que han de considerarse ejercicios de desarrollo. La *askesis* clásica, como los atletas griegos llamaban a su entrenamiento (ofreciendo así un modelo de repercusiones históricas a los monjes del cristianismo temprano, que se denominaban a sí mismos *atletas de Cristo*), ya fue desde el principio algo híbrido. Se pierde de vista su valor propio en cuanto el ejercicio se introduce forzadamente en la distinción entre teoría y praxis, o entre vida activa y vida contemplativa. Lo mismo sucede con las distinciones que autores contemporáneos han introducido desde la teoría de la acción, contraponiendo, por ejemplo, la acción comunicativa y la instrumental, o incluso el trabajo y la interacción. También esas desmembraciones del ámbito práctico hacen invisible la dimensión de la vida en ejercicio.

De la extensión, densidad y exuberancia de formas de esta ascesis intento ofrecer una impresión en mi libro antes mencionado. Cito en él la muy pertinente observación de Nietzsche de que, contemplada desde el universo, la Tierra de la era metafísica aparecería realmente como el «astro ascético», en el que la lucha del pueblo de los ascetas religiosos, descontentos de la vida, contra la naturaleza interior sería uno de los «hechos más extendidos y duraderos que existen»[2]. Pero ahora habría

---

[2] Friedrich Nietzsche, *Zur Genealogie der Moral*, tercer apartado: «Was bedeuten asketische Ideale?», en *Sämtliche Werke*, edición crítica, Múnich 1980, vol. 5, pág. 362 [*La genealogía de la moral*, «¿Qué significan los ideales ascéticos?», trad. de Andrés Sánchez Pascual, Alianza, Madrid 1972].

llegado ya el momento de deshacerse de los ascetas negadores de la vida y recuperar las artes de la afirmación, demasiado tiempo fuera de uso.

El efecto que produjo esta intervención de Nietzsche fue sobre todo paradójico: de todos los trabajos de los habitantes de la Tierra «en sí mismos», de sus ascesis, sus *trainings* y sus esfuerzos por ponerse en forma, sean de tendencia afirmadora o negadora, los teóricos críticos y los psicólogos sociales, tan omnipresentes hoy como ayer, no saben absolutamente nada, ya que siguen llevando unas gafas que les impiden toda visión del fenómeno. No le va mejor a la vida ejercitante en el famoso libro de Hannah Arendt *Vita activa*: no aparece en él; extraña constatación en un estudio que promete clarificar la «condición humana»[3]. Los ciudadanos modernos, sin embargo, lo saben mejor desde hace mucho; no se dejan impresionar por la ceguera que se ha apoderado de los teóricos. Han abierto ampliamente las esclusas a la práctica de ejercicios oficialmente ignorados, y las ascesis de superación postuladas por Nietzsche se han convertido, bajo diversos nombres –ampliación de estudios, *training, fitness*, deporte, dietética, autodiseño, terapia, meditación–, en el *modus vivendi* dominante en las subculturas occidentales que dicen sí al esfuerzo y al rendimiento. Además, todo habla en favor de que las viejas grandes potencias del ejercicio, en Asia oriental, China e India sobre todo (tras el precedente de Japón), han consumado su reorientación hacia formas de *training* volcadas al mundo. Han dado vida a un nuevo régimen de prestaciones agresivo, que presumiblemente pronto superará todo lo que son capaces de conseguir los desfallecidos europeos.

---

[3] Hannah Arendt, *The Human Condition*, Chicago 1958 [*La condición humana*, trad. de Ramón Gil Novales, Paidós, Barcelona 2010].

Al poner el acento en el aspecto ejercitante de la existencia humana tengo en cuenta el hecho, aparentemente trivial pero en verdad de repercusiones incalculables, de que todo lo que hacen y pueden hacer los seres humanos pueden hacerlo más o menos bien y lo hacen mejor o peor. Los capaces y hacedores siempre están colocados en un *ranking* espontáneo de mejor o peor capacidad y acción; yo describo las diferencias de ese tipo como expresión de la tensión vertical constitutiva de la existencia humana. Un primer acceso al fenómeno de la verticalidad espontánea se sigue de la definición técnica del ejercicio que yo tomo como base: en cualquier comportamiento ejercitante se realiza una acción de tal modo que su ejecución presente co-condiciona sus ejecuciones futuras. Podría decirse, pues, que toda vida es destreza artística, aunque sólo la mínima parte de nuestras manifestaciones vitales se entiendan como lo que son desde siempre: resultados de ejercicios y elementos de un *modus vivendi* que se desarrolla en la cuerda floja de la improbabilidad.

En *Has de cambiar tu vida* he dirigido mi atención en primer lugar a los antiguos sistemas de ejercicio relacionados con la aparición de éticas radicales en lo que Karl Jaspers llamó la era axial, a saber, el corte civilizatorio que produjeron las creaciones imperiales (también las críticas al imperio) de una nueva imagen del mundo en el primer milenio antes del nacimiento de Cristo. Desde mi punto de vista, en el caso de las culturas del ejercicio de la Antigüedad se trata sobre todo de sistemas de autotransformación ética. Sirvieron para asimilar al ser humano a una contextura cósmica o a un canon divino. No pocas veces prescribían ascesis físicas o mentales excesivas. La Modernidad europea gustó de compendiar esos sistemas bajo el equívoco rótulo de «religiones», sin considerar que «religión» es un término católico-romano que fue aplicado a esos fenómenos (neutralizado por la Ilustración, que lo convirtió en una categoría antropológico-cultural) y que difícilmente consigue hacer justicia a los sistemas indios, chinos, iraníes, judíos y filosófico-paleoeuropeos de modos de vida[4]. En lo que sigue ya no nos ocuparemos más de la delimitación de los contextos éticos del ejercicio en las prácticas «religiosas» de sometimiento a poderes superiores y en las formas de culto de ilusión colectiva. Para el caso importa sólo la cuestión de si las intuiciones detectables en las viejas éticas pueden extenderse, en el ámbito del comportamiento teórico, a las estructuras de la vida implícita y explícitamente ejercitante. Si no estuviera convencido de la posibilidad de una respuesta afirmativa, tendría que interrumpir aquí mismo mi propósito.

Una extensión análoga de la zona de ejercicio –digo esto entre paréntesis– aparece en el libro citado cuando hago en él la propuesta de reformular la disciplina de la historia del arte como historia de las ascesis artísticas o virtuosas. Así como la historia de la ciencia presupone por regla general que ya existen los científicos que se ocupan de sus disciplinas, la historia del arte supone desde siempre que los artistas son los sujetos naturales de la actividad de la que surgen las obras de arte, y que ya existen, a su vez, esos actores. ¿Qué sucedería si en ambos casos giramos noventa grados el escenario conceptual? ¿Si observamos primero a los artistas en sus esfuerzos por llegar a ser artistas? Veríamos entonces todos los fenómenos de ese campo casi de lado y, junto a la conocida historia del arte como

---

[4] Aduzco razones para rechazar de pleno el concepto de «religión» en *Du musst dein Leben ändern, op. cit.*, págs. 133-170. Por otros motivos, Wilfred Cantwell Smith, un viejo maestro de las ciencias de la «religión» en el siglo XX, llegó a consecuencias semejantes en su obra clásica *The Meaning and End of Religion*, Minneapolis 1991 [1.ª ed.: 1962].

historia de las obras acabadas, conseguiríamos una historia de la formación profesional posibilitadora de arte y de las ascesis configuradoras de artistas. Del mismo modo, tras una maniobra análoga, podríamos seguir, a la vez que la acostumbrada historia de la ciencia como historia de problemas, discusión y resultados, el surgimiento de ejercicios posibilitadores de ciencia; y, con ello, narrar una historia de aquellas autosuperaciones, gracias a las cuales los usuarios hasta entonces de «lenguajes normales» preteóricos entran en la confederación del pensar teórico. Mutaciones de ese tipo señalan la tarea de la ascetología histórica.

En un comentario al libro *Bild und Kult [Imagen y culto]* (original: 1990, 6.ª ed. 2004; [Akal, Madrid 2009]) de mi colega de Karlsruhe Hans Belting, he insinuado a qué cambios de perspectiva puede conducir esto[5]. Me parece que como mejor se lee esta magnífica historia de la imagen «anterior al arte» es como una historia de las ascesis generadoras de imágenes. Si la tradición de la cultura europea de imágenes se hace comenzar con la pintura de iconos en el culto cristiano helenizado, como Belting ha propuesto plausiblemente, se topa desde el comienzo con una forma de ejercicio creador de imágenes, en la que arte y ascesis representan una unidad perfecta. El pintor de iconos sólo desarrolla durante toda su vida, de forma repetitiva y continuada, un registro básico de muy pocos motivos, en la creencia de que él mismo no es más que el instrumento de una imagen-luz sobrenatural que se vierte en la obra por su mano, y siempre orientado por el supuesto de que la auténtica imagen originaria también puede proyectarse en el mundo fenoménico sin mediación de mano humana, cosa que sin embargo ocurre muy pocas veces. Una efusión directa de

---

[5] *Du musst dein Leben ändern*, op. cit., págs. 571-s.

este tipo sería una diapositiva divina que descendiera del cielo sin el rodeo por el pintor. Por lo que respecta a las imágenes pintadas por mano humana, sólo valen de algo en la medida en que se asemejan desinteresadamente a las imágenes originarias no pintadas. Cristo fue una diapositiva así, tridimensional y pasible; su imagen en el sudario de la Verónica fue eso mismo en proyección bidimensional e impasible. Partiendo del ejercicio pictórico que suponen los iconos «religiosos» se puede describir la historia de las artes europeas como la de un enorme acopio de ejercicios de capacitación, de virtuosismo formal y ascesis técnica, que culmina en las formas supremas conocidas. Este proceso escenifica la constante expansión de los medios artísticos, así como la inflación de ideas sobre la importancia del artista. La autorreferencia del gremio de los virtuosos aumenta crónicamente hasta que al comienzo de la Modernidad se llega al corte que provoca el declive de la conciencia de ejercicio en las artes plásticas.

1
Ascesis teórica, moderna y antigua

Así pues, esta tarde no se hablará de las implicaciones de la vida ejercitante en las artes de la Era Moderna ni en las ascesis atléticas y religiosas de la Antigüedad y de la Edad Media. Nuestro tema reza: la ciencia como ejercicio –alternativa: la ciencia como antropotécnica, sin que aquí entre en juego este último concepto salvo en tanto que configuración del ser humano mediante la acción ejercitante sobre sí mismo–, prescindiendo de especulaciones sobre posibles manipulaciones eugenésicas y genéticas tal como, con mayor o menor seriedad, se ha venido planteando desde Platón hasta Trotski[6]. Ya la formulación de este subtítulo expresa la idea de que, en cierto modo, habría que entender el ejercicio de una profesión dedicada a la teoría como una ascesis, incluso como un proceder con cuya ayuda los agentes de la ciencia como tales se ponen en forma. De este modo, la ciencia no significa sólo la suma de sus resultados, sino que es asimismo el compendio de los procesos lógicos o mentales que ayudan a sus pupilos a dar el paso de un comportamiento cotidiano a uno teórico. Y, por lo demás, en lo que sigue minimizaré las diferencias entre ciencia y filosofía, y trataré a ambos vástagos de la cultura de

---

[6] La expresión «antropotécnica» aparece por primera vez como entrada en la *Gran Enciclopedia Soviética* de 1926; he de agradecer al Prof. Michael Hagemeister la referencia a este artículo.

la racionalidad de la vieja Europa como acuñaciones parejas del *bíos theoretikós*, sin entrar en sus peculiaridades y progresivo alejamiento recíproco.

Por lo que sé, la historia del proceso por el que el ser humano profano, al principio siempre e inevitablemente un adorador de los ídolos de su tribu, se transforma en un ser humano dedicado a la teoría no ha sido escrita; existe, de todos modos, entre las líneas de las historias de las ideas al uso. Por su propio tema, está presente donde se habla de las condiciones bajo las que se produce la asimilación de procedimientos científicos; es decir, la mayoría de las veces en las observaciones marginales, pedagógicas y antropológicas a las teorías del método. La estrecha relación entre ejercicio y método se manifiesta en la larga serie de propedéuticas que se extienden desde los cursos para principiantes de nuestros días hasta los modos griegos y pregriegos de introducción en los principios de la teoría. Mientras demos crédito a los fantasmas de una historia de las ideas orientada a «problemas fundamentales» o «resultados», seguiremos siendo proclives, como de hecho sucede, a pasar por alto fenómenos de ese tipo. Subestimaremos su importancia mientras no tomemos en consideración que todas las «ideas», teoremas y discursos se perderían como escritos en el agua si no estuvieran insertados en los *continua* de la vida repetitiva, que entre otras cosas garantizan también los cuños epistémicos y las rutinas discursivas. A éstas pertenecen, en primer lugar, antes de toda ciencia, aunque condicionándola íntimamente, los ejercicios de lectura y escritura de seres humanos dedicados a la teoría, por los que alta cultura y cultura escrita son expresiones casi sinónimas.

Para dar una idea de la amplitud del lapso de tiempo histórico en el que los fenómenos en cuestión pueden observarse en nuestro contexto cultural voy a presentar dos testimonios;

uno relativamente joven, de comienzos del siglo XX, que representa la cúspide del desarrollo actual hasta ayer, y otro respetablemente viejo, que nos traslada al instante en que, con la fundación de la Academia ateniense, Platón llevó a cabo también la fundación de la filosofía y de las ciencias filosóficas.

Me permito comenzar nuestra excursión de hoy con un documento poco conocido, que me ofrece la posibilidad de presentar nuestro problema de forma casi cristalina. Citaré algunos pasajes de una carta que Edmund Husserl –desde 1906 catedrático de filosofía en la universidad de Gotinga y figura clave del movimiento fenomenológico que se iba manifestando desde 1900–, con fecha 12 de enero de 1907, comenzó a escribir al poeta Hugo von Hofmannsthal, que vivía en Rodaun, cerca de Viena. Como escucharán enseguida, compuso esta epístola filosófica con la esperanza de integrar en su proyecto teórico como aliado imaginario a ese autor, quince años más joven que él; o, dicho con mayor cuidado, para asociarle desde lejos no en una cooperación concreta, se entiende, sino como testimonio de una complicidad entre contemporáneos, unidos en la pasión no cotidiana por una concepción del mundo estrictamente contemplativa. Al dirigirse a Hofmannsthal, Husserl aprovechó una oportunidad, que a él le parecía atractiva, de constituir con el celebrado poeta de la Modernidad tardohabsbúrgica un frente de espíritus que, rodeados de victoriosas cohortes de pragmatistas y naturalistas, alzaran como bandera una relación «puramente contemplativa» con los fenómenos de la vida. A la carta del filósofo le precedió un mes antes un encuentro personal con el destinatario. Durante un viaje de lecturas por Alemania, que le llevó también a Gotinga, Hofmannsthal dio su conferencia «El poeta y nuestro tiempo» e hizo una visita a Husserl. Hofmannsthal, que entonces tenía 32 años, pronunció ante el público de Gotinga una especie de confesión creadora, en la que estilizaba el sí-mismo del artista como un testigo universal, sí, como un archivo viviente del ser y como el foco de la colecta del mundo.

> Está ahí y no es asunto de nadie preocuparse por su presencia. Está ahí y cambia de lugar silenciosamente y no es más que ojos y oídos [...]. Es el espectador; no, el compañero oculto, el silencioso hermano de todas las cosas [...] sufre por todas las cosas y al hacerlo goza de ellas [...]. Pues, para él, seres humanos, cosas, pensamientos y sueños son exactamente lo mismo [...] no puede prescindir de nada [...]. Es como si sus ojos no tuvieran párpados [...]. En él debe y quiere reunirse todo. Él es quien conecta en sí mismo los elementos del tiempo. En ninguna parte, sino en él, hay presente[7].

Son frases así sobre la existencia del observador poético las que, suficientemente evocadoras, todavía un mes más tarde despiertan en el recuerdo del filósofo un eco que testimonia su acuerdo. De eso no deja duda alguna, por su tono y contenido, la carta de Husserl. Se sintió alentado a colocar en una línea común la pasividad en apariencia desinteresadamente concentradora del poeta con la actividad sobrepersonalmente contempladora-clarificadora de su propia filosofía. Ya hacía tiempo que estaba convencido de la posibilidad de que el proceder contemplativo se liberara de la posición dominguera, de segundo rango, indolente, en que había caído por el triunfo de los psicologismos, sociologismos y naturalismos. Lo que Husserl desarrolla en los años siguientes bajo el estandarte del

---

[7] Hugo von Hofmannsthal, «Der Dichter und diese Zeit», en *Gesammelte Werke in Einzelausgaben, Prosa* II, Fráncfort del Meno 1959, págs. 244-s.

«método fenomenológico» es una suma de argumentos a favor de la tesis de que el tiempo estaba maduro para una filosofía que se erigiera como ciencia estricta; se podría incluso decir: para una defensa de la contemplación exacta, que gracias a su modernización metodológica pasa al contraataque. Lo que a Husserl le rondaba la cabeza era nada menos que la transformación de la intuición en trabajo de precisión y la superación de la diferencia entre los días laborables y los días festivos de la razón. Cito un largo pasaje de ese documento conmovedor de un intento profesoral de comunicación:

> Muy estimado señor Von Hofmannsthal:
> Ya me contó lo difícil que se le hace la vida por la marea de correspondencia que crece sin cesar. Pero, ya que me deleitó con un regalo exquisito, debo, en cualquier caso, agradecérselo. Así que habrá de soportar las consecuencias de ese hecho malvado y con ellas también esta carta. Permítame, por lo demás, *que le pida perdón por no haberle dado las gracias* inmediatamente. Como caídas del cielo se me ofrecieron de repente síntesis de pensamientos que había buscado durante largo tiempo. Me dio mucho trabajo fijarlas. Sus *Kleinen Dramen*[8] *[Pequeños dramas]*, que tenía siempre junto a mí, actuaron como un gran estímulo, a pesar de que no me fue posible leerlos con la continuidad deseable.
> Las «disposiciones interiores» que describe su arte, en tanto puramente estético, o que propiamente no describe, sino que eleva a la esfera ideal de belleza puramente estética, tienen para mí, en esa objetivación estética, un interés muy especial; es decir, no sólo interesan al amante del arte que hay en mí, sino también al filósofo y «fenomenólogo».

[8] Leipzig 1906.

Una preocupación de muchos años por la clarificación de los problemas filosóficos fundamentales y por el método para solucionarlos me proporcionaron como beneficio duradero el método 'fenomenológico'. Éste exige una toma de posición frente a toda objetividad esencialmente divergente de la natural, muy cercana a esa posición y postura en que nos coloca su arte, en tanto que *puramente* estético, frente a los objetos representados y al mundo del arte en su totalidad. La contemplación de una obra de arte *puramente* estética se produce de forma rigurosamente independiente de toda postura existencial del intelecto y de toda postura del sentimiento y de la voluntad que aquella presupone. O mejor: la obra de arte nos traspone (nos fuerza, por decirlo así) a una situación de contemplación puramente estética, que excluye tales tomas de postura. Cuanto más resuene del mundo externo o más se tome de él con viveza, cuanto más posicionamiento existencial exija de nosotros la obra de arte (por ejemplo, como apariencia sensible naturalista: verdad natural de la fotografía), menos estéticamente pura será esa obra. (Sucede lo mismo con cualquier tipo de «tendencia».) La actitud de espíritu naturalista, la de la vida actual, es plenamente «existencial». Las cosas que están ahí sensiblemente ante nosotros, las cosas de las que habla el actual discurso científico, las *establecemos* como realidades, y en esos fundamentos de existencia se basan el estado de ánimo y la voluntad: alegría, porque esto *sea*, tristeza, porque aquello *no sea*, deseo de que eso *sea*, etc. (tomas de posición existenciales por parte del ánimo): el polo opuesto de la actitud mental de la contemplación puramente estética y del estado de sentimiento correspondiente. Pero también, y no menos, de la actitud mental puramente fenomenológica, la única desde la que es posible la resolución de los problemas filosóficos, dado que también el método fenomenológico exige una rigurosa independencia de toda toma de postura existencial [...].

[...] De este modo toda ciencia y toda realidad (también la del propio yo) se convierten en mero «fenómeno». Y sólo queda una cosa: en la contemplación pura (en el análisis y abstracción puramente contemplativos) [...], sin sobrepasar nunca y en ninguna parte los *meros fenómenos* [...], clarificar el sentido inmanente en ellos [...].

[Para el artista] el mundo, en tanto lo contempla, se convierte en fenómeno, su existencia le resulta indiferente, exactamente igual que para el filósofo (en la crítica de la razón) [...][9].

Me contentaré con poner de relieve algunos giros de este escrito tan significativo como extravagante, que, incluso leído a una distancia de más de cien años, sigue sonando tragicómico por la sinuosa ingenuidad de su proposición de alianza. (Hans Blumenberg, a pesar de su admiración por el filósofo, fue suficientemente malvado como para apuntar *en passant* que en Husserl radicalidad y ridiculez resultan a menudo cercanas[10]). En las partes objetivas de la carta salta a la vista, en principio, la idea enteramente platónica de que la vida y la reflexión pertenecen a campos estrictamente separados. Ambas magnitudes se comportan mutuamente como implicación y abstinencia o como suciedad y limpieza. No en vano la palabra «puro»*

---

[9] Edmund Husserl, *Arbeit an den Phänomenen. Ausgewählte Schriften* (ed. y ep.), Bernhard Waldenfels, Fráncfort del Meno 1993, págs. 118-120.

[10] Hans Blumenberg, *Ein mögliches Selbstverständnis. Aus dem Nachlass*, Stuttgart 1997, pág. 85.

* O «limpio», el autor juega a veces con esas dos acepciones de *rein*. *Reinigung*, por ejemplo, significa tanto «purificación» como «tintorería» («limpieza»). *(N. del T.)*

constituye un vocablo-*pathos* en el léxico de Husserl; sólo en los extractos citados aquí aparece diez veces, sea en forma adjetiva, como en el giro «estéticamente puro», o adverbial, como en «puramente estético» o «puramente fenomenológico». Al afán de pureza va unido el esfuerzo por una relación plenamente «contemplativa» con los datos de la conciencia. Todo el empeño de la vida de Husserl fue el restablecimiento de un *modus vivendi* contemplativo que estuviera fundado en un *modus cogitandi* correspondiente. Resulta patético el resumen que en 1929 todavía hace el septuagenario: ha tenido que filosofar porque, de lo contrario, no hubiera podido vivir en este mundo.

Pero dado que, según el parecer de Husserl, toda vida real en «actitud natural» significa ya siempre «tomar postura» y dado que ello supone implicación en los problemas de la vida y encadenamiento a las galeras de la cotidianidad, la decisión sobre la posibilidad de un comportamiento meditativo, incluso «puramente meditativo», depende exclusivamente de la comprobación de que se consigue evadir la maldición del tener-que-tomar-postura. Así pues, la teoría, para ser pura, tendría, si no que disolver completamente la fijación de su sujeto a la existencia real, sí al menos suspenderla temporalmente. Husserl añade típicamente a la expresión «toma de postura» el adjetivo «existencial», que poco después en Heidegger, bajo una perspectiva diametralmente opuesta, ocupará el centro de un pensamiento ya no contemplativo. Esta nueva filosofía «existencial» no sólo pondrá de relieve el primado del «cuidado» *[Sorge]*, sino que también se mostrará decidida a dejarse arrastrar por los imperativos del momento histórico: como si del «arrojamiento» *[Geworfenheit]* existencial hubiera de seguirse el arrastre por el gran «acontecimiento» *[Ereignis]*. Pero precisamente allí donde Heidegger, el revolucionario autor-*Sturm-*

und-Drang, para ser intempestivo con la tempestad, resalta los «existenciales»[*], Husserl pone todo su cuidado una vez más –podría decirse que por última vez– en la neutralización de las «tomas de postura existenciales». Lo que tiene en mente es la consolidación de una zona no tempestuosa, en la que el pensar, libre de las impertinencias del existir, goce de su decidido trabajo en los fenómenos.

Con estas indicaciones hemos conseguido un primer acceso a la problemática a la que se dirige nuestro análisis. Si ha habido alguna vez una ocasión feliz para observar desde el punto de vista del ejercicio la práctica de la teoría, sea como filosofía, sea como ciencia, es esta que se ofrece aquí, a la vista del esfuerzo de Husserl por conseguir un ámbito de pureza teórica y de teoría pura. Esa lucha, como se ha sugerido, poseía los rasgos de un intento universal de purificación o limpieza. Tenía que detener la prototípicamente sucia o impura tendencia de la vida, la inclinación a cooperar y a tomar postura con respecto a todo. Husserl llama a esa detención en la limpia línea de la teoría «puesta entre paréntesis» o «desconexión» de la «actitud natural». Podría describirse su esfuerzo como una lucha por posibilitar la desaparición de la lucha. Una lucha que se emprende para conseguir una neutralidad para-existencial o extra-existencial, gracias a la cual la conciencia ha de retirarse de sus «propios» asuntos y adquirir el hábito, en principio improbable, del trato desinteresado con las «cosas mismas».

Así pues, si la ciencia –o, por hablar con mayor cuidado, la «actitud» teórica como tal, de la que puede surgir una cien-

---

[*] O «existenciarios» *(Existentialien)*; téngase en cuenta, aunque tampoco parece demasiado importante esa distinción heideggeriana en este caso. *(N. del T.)*

cia específica– ha de ser un asunto de ejercicio, entonces el ejercicio cardinal (del latín, *cardo*, gozne) habría de consistir en un ejercicio de retirada. Sería un ejercitarse en no-tomar-postura, un ejercicio de des-existencialización, un empeño por suspender en medio de la vida la participación en la vida. Sólo a través de esa estrecha puerta podría entrar el pensar en una esfera de observación pura, en la que las cosas de la vida dejan de afectarnos directamente. Donde había un yo que tomaba postura ha de haber un yo que observa.

Este curioso yo-espectador no va al teatro para salir de él purificado; va al teatro, no se sabe en qué medida purificado de antemano, para transmitir algo de su pureza a todo lo que allí ve. Si mediante ejercicio paciente pudiera conseguirse un tipo así de mirada, la propia existencia aparecería como grafía ilustrada en un libro especializado sobre posibles formas de vida. De hecho, el pensar «puro» no ha de ser otra cosa que el análisis de tales ilustraciones, tal como se encuentran cuando se contempla una página abierta en el libro de la conciencia; y al hacerlo se actúa como si se hubiera olvidado de que la única conciencia a la que se tiene acceso directo es la propia. Pero ahora ya no hay que tener más en cuenta esa propiedad; también la existencia, la mía, habría que entenderla como mero caso particular de un contexto general de modos de ser. Mi vida sólo constituye aún una fuente de información casual, un punto en una curva, en la que sólo debería interesarme la ecuación funcional.

No hay que considerar ese empeño de purificación como un anacronismo. Su modernidad aparece clara por el hecho de que salió a escena casi como hermano lógico de la fotografía, aunque en su carta Husserl hable peyorativamente de la fotografía como cómplice del naturalismo vulgar. En realidad él mismo es «fotógrafo», sólo que en otro medio. La fenomenología es la pareja filosófica del «dibujo con luz» sobre material sensible, con el que a finales del siglo XIX la producción de imágenes dio el salto a la era tecnológica. Transfiere el primer arte mediático moderno a la esfera mental ejercitando un proceder para transformar vistas del entorno y contenidos opcionales de vida visibles y palpables en imágenes interiores fijas y sustraídas al contexto. Con el tiempo se apropia también de las imágenes en movimiento; cosa que resulta comprensible, pues quien dirige su atención a los mundos interiores de representación también se hace cargo inmediatamente de la permanente producción de películas de la conciencia y llegará a la conclusión de que ésta merece un análisis fílmico especial: la fenomenología se presenta como teoría de la conciencia interior de tiempo.

Las imágenes de las que aquí se habla se toman con una cámara noética. Si las películas están impresionadas y se han sacado ya del baño de fijación de la observación interior, las tomas adquieren un estatus filosófico importante tanto archivística como museísticamente. En el ejercicio de todos los ejercicios se trata de revelar como *fenómenos* las imágenes captadas de la existencia. Tales fenómenos se archivan en la colección fenomenológica (no nos tendría que extrañar, pues, que las teorías-archivo filosóficamente más interesantes de los últimos decenios, sea la de Jacques Derrida o la de Boris Groys, estén inspiradas, de forma más o menos manifiesta, fenomenológicamente). El archivo es la colección cuyo contenido se compone exclusivamente de objetos de ese tipo, liberados de la carga de la vinculación a la vida. Y dado que con el tiempo se pueden liberar, descontextualizar y desavivar cada vez más «cosas», se entiende que el archivo está en incesante crecimiento. De este modo, la zona de las «cosas» liberadas de la pretensión de ser reales adquiere una mayor amplitud. Así como Hegel pensó el esquema del museo clásico[11], Husserl lo hizo con el del museo de la Modernidad.

Si vida significa siempre cooperación, pensar fenomenológicamente quiere decir ejercitar la no-cooperación; *nota bene*: no el no-cooperar en los asuntos exteriores, para los cuales los crónicamente superocupados profesores, de todas formas, no tendrían tiempo, sino en la vida propia, que toma postura; en una palabra: el no-cooperar consigo mismo. Los resultados previsibles de esto, el bodegón de los datos de la conciencia, se conservan en la colección permanente. El mejor fenomenólogo sería el archivero más riguroso. Sería el pensador que más hubiera aprendido del hecho de que al existir él no estaba realmente del todo presente. Mostraría cómo hacer para colocarse uno mismo en la colección permanente.

Pocos años después, Husserl –en el famoso parágrafo 32 de las *Ideas para una fenomenología pura*, de 1913, en medios académicos citada simplemente como *Ideas I*– introduce la expresión *epojé* para designar ese gesto de distanciamiento de la vida, en tanto sujeta a la pertenencia directa al teatro del mundo. Este concepto merece nuestro interés por varios motivos. Por una parte, es relevante para el tema de hoy, porque proporciona una evidente precisión técnico-ejercitante de la operación fundamental que posibilita la teoría en el sentido dicho: se remite al «paso atrás» frente a toda forma de implicación existencial. Significa el distanciamiento absoluto de las representaciones que provienen directamente de la existencia, exige la puesta entre paréntesis de la toma de postura existencial, permite la fenomenalización de las cosas, la esencialización «idealizadora» de los contenidos de conciencia y se cuida, con ello, de disponer

---

[11] Cfr. Beat Wyss, *Trauer der Vollendung. Die Geburt der Kulturkritik*, 3.ª ed. rev., Ostfildern 1997.

los presupuestos para la descripción paciente del modo y manera en que los «fenómenos» están presentes en la esfera noética.

Por otra parte, la expresión *epojé*, por su procedencia, es sugestiva, dado que Husserl la toma del vocabulario de los escépticos griegos. Con es sabido, éstos designaban así la postura de abstinencia de juicio que ellos recomendaban; más exactamente: el arte de permanecer en suspenso entre las doctrinas de las escuelas establecidas, por no hablar de las ficciones de los comerciantes en el mercado ni de las fabulaciones de los marinos en los garitos. Puede ser útil recordar que el escepticismo antiguo representó en cierto sentido un precedente de la cultura moderna de la *coolness*. Ofrecía a los intelectuales y a las personas de formación media de las ciudades griegas y romanas una postura, fácilmente imitable, de ironía liberal frente a los provisores de sistemas filosóficos serios, tales como los propuestos por los platónicos, los peripatéticos, los estoicos o los epicúreos. La *epojé* corresponde aquí a la actitud del cliente que pasea por el mercado sin comprar nada.

A comienzos de la Edad Moderna retorna el escepticismo en doble acuñación: una autónoma, como escuela del ensayo, en el que la franqueza de los resultados se cultiva como virtud intelectual; otra, en función subsidiaria: como adversario íntimo de la pretensión de un saber de fundamentación última. Un papel en el que había de servir de compañero de entrenamiento a los espíritus constructores de sistemas en sus proyectos de absolutismo cognitivo. Los sistemáticos sabían desde siempre que quien no ajusta cuentas con el escepticismo no las ajusta con nada, pero quien no se da el obligado trabajo de la duda *(de omnibus dubitandum est)* tampoco celebrará jamás la fiesta de «cubrir aguas» de su sistema.

Husserl pertenece al grupo de los pensadores cuasi homeopáticos modernos –Descartes y Hegel a la cabeza– que asumieron la duda, tanto la metódica como la existencial, en lo más íntimo de sus procederes, con el fin de generar un máximo de certeza tras la superación de la incertidumbre más extrema. Así, padecer por la indecidibilidad entre alternativas esenciales prepara para la plena decisión, o al menos para su apariencia. Husserl fue más allá de los antiguos escépticos porque no quiso simplemente permanecer en suspenso entre las doctrinas de las corrientes filosóficas principales; éste fue el motivo de su alejamiento de Dilthey, el fundador de la «filosofía cosmovisional» neoescéptica. Pero también quiso superar al primitivo Descartes absolutista, pues no se conformó con el equilibrio de las proposiciones «yo pienso», «yo existo», «el ser (yo) es» y «Dios es». Había decidido abolir incluso las evidencias vitales que le proporcionaba su propio sentimiento de existir, las insinuaciones «dogmáticas» del existir personal, el complejo entero de las inclinaciones e intereses atrapados en el yo, con el fin de retirarse completamente a la ciudadela interior o, por hablar menos estoicamente y más contemporánea y técnicamente, al laboratorio interior, en el que las fotografías mentales proporcionan presencias eidéticas aprehensibles con precisión.

La expresión *epojé* es, finalmente, instructiva porque muestra también cómo se introduce en la reflexión filosófica la temporalidad del pensar, o sea, la dependencia del juicio del momento. Como es sabido, la sensibilidad por el tiempo, junto con la reflexividad, es la característica principal de la modernidad cognitiva. Por eso preguntamos siempre en qué orden fueron pensadas las cosas, y cómo se articulan ahora, en el punto actual de la serie. Desde que estamos convencidos de que una convicción sigue a otra (o un paradigma a otro), y de que probablemente no haya ninguna permanente y última, utilizamos cada vez más a menudo y más presurosamente el prefijo *post*.

Por eso la expresión «época»* se usa hoy, la mayor parte de las veces, en sentido histórico y no en su definición escéptica o fenomenológica. Es un concepto de las ciencias del espíritu tal como se establecieron desde el siglo XVIII. Entonces acabaron los tiempos en los que había valido la fórmula de Lucrecio: *eadem sunt omnia semper*[12]. Desde que comprendemos que el mundo está movido históricamente, se expande como una epidemia el término «época» porque se refiere a la conciencia de que en la «evolución» ha de diferenciarse una multiplicidad de «condiciones de mundo» –expresión de Fichte y Hegel–. Frente a la plausibilidad de este argumento los modernos no pueden hacer nada. Cuando hablamos de Antigüedad, Edad Media y Época Moderna, o desmarcamos el mundo burgués del feudal, o contraponemos el tiempo de los manuscritos al tiempo de la imprenta, hacemos uso de representaciones populares sobre conmociones transformadoras del sentido del mundo en las circunstancias o técnicas globales y regionales. Así pues, la *epojé* en sentido histórico no significa más que un corte, generador de distancia, que da lugar a que lo que sigue ya no pueda entenderse como continuación directa de lo precedente. Entre los períodos de tiempo, llamados «épocas», quedan los acontecimientos separadores que según el contexto se denominan cesuras, saltos, transformaciones, revoluciones o catástrofes. Cualquiera que se proponga pensar a la altura del tiempo tiene que datarse según el último corte para él y para su comunidad cultural. En este sentido estamos condenados a la actualidad. Pensamos en revoluciones.

Tampoco en este uso la expresión «época» tiene un significado menor para el mundo del lenguaje de Husserl: el pensador

---

* Que proviene de *epojé*; en alemán está más claro: *Epoche*. *(N. del T.)*
[12] Tito Lucrecio Caro, *De rerum natura*, III, 945.

diferencia estados de vida de conciencia tal como se presentan antes y después de la cesura fenomenológica. Su método mismo quiere hacer época en tanto saca al pensamiento de su período ingenuo y lo lleva al reflexivo, emparentado en esto con las ideas filosófico-históricas de Fichte. Le resulta inherente un elemento de golpismo filosófico que derroca la «actitud natural». Los ontólogos vulgares que afirman con Marx que el ser determina la conciencia tendrían, pues, que desengañarse. La conciencia mantiene el ser a distancia, en tanto tiene en cuenta, de cuando en cuando, su constante demanda de ser tomado en consideración, sin dar demasiadas facilidades al demandante.

Sin ninguna intención peyorativa quiero añadir a esta observación que Husserl probablemente se equivocó de dirección en su búsqueda, biempensante y seria, de un aliado por el lado del arte. Hugo von Hofmannsthal sólo podría haber sido un espíritu congénere, e incluso un aliado, si hubiera sido un seguidor de la estética platonizante, clasicista, del tiempo de Goethe, que Husserl suponía en su obra sin haberla leído lo bastante como para estar convencido de ello. Casi parece que los filósofos son gente que prefiere suponer apodícticamente a leer con precisión. En realidad, los proyectos estéticos de Hofmannsthal en aquel tiempo, incluidos los *Pequeños dramas* que estaban sobre el escritorio de Husserl, reflejan al máximo la gran crisis del arte en la que se anuncia la modernidad radical: su ensayo poetológico, *Ein Brief,* citado por los especialistas como *Carta de Lord Chandos,* apareció en el otoño de 1902, actuando como un fanal. En ella se articulaban abismos de duda sobre la expresión, incluso de desesperanza sobre el ser-totalidad y el poder-ser-en-orden del mundo, que Husserl no había conocido ni siquiera en sus más profundas depresiones. Incluso las formulaciones del poeta en la conferencia de Gotinga sobre la recolección de todas las cosas en la atención inerme muestran una afinidad que es sólo aparente con las ideas del filósofo que luchaba por la matematización de la contemplación y por la delimitación de un ámbito de intuiciones exactas.

Cierto que salta a la vista una semejanza externa en tanto que ambos autores hablan paradójicamente de modo positivo de «indiferencia». Husserl: para el artista, «el mundo [...] se convierte en fenómeno, su existencia le resulta indiferente, exactamente igual que al filósofo» (ver *supra*, pág. 31); Hofmannsthal: «Pues, para él, seres humanos, cosas, pensamientos y sueños son exactamente lo mismo» (ver *supra*, pág. 28). Pero la apariencia de semejanza engaña tanto en la forma como en el contenido. La indiferencia metódica de Husserl como descriptor de fenómenos está separada por una fosa profunda de la indiferencia de las impresiones del recolector poético de material de mundo. Bajo el estímulo de Mallarmé, el poeta había comprendido que una palabra en el poema tiene poco que ver con esa misma palabra cuando se utiliza como «portadora de un contenido de vida». La reducción estética sigue leyes propias: en su campo los signos han de arreglárselas exclusivamente con otros signos, no con las cosas y los hechos de la vida. Pero nunca Hugo von Hofmannsthal llega a realizar eso que Husserl llama la reducción fenomenológica; él no sabe nada de la *epojé* filosófica, su abstención de juicio no está motivada metódicamente en modo alguno, pues él no pone entre paréntesis su conciencia existencial; al contrario, la abre hacia un pan-impresionismo de rasgos lujuriosos y masoquistas. Lo que a primera vista parece un ejercicio de pura contemplación estética es una disolución en estados de pasividad híbrida. Los parientes tipológicos más próximos de ese vitalismo omnirrecolectante y omnipenitente no se encuentran en la esfera filosófica, sino en el simbolismo de la premodernidad francesa.

Por ejemplo, en los poemas en prosa de Baudelaire. Habría que resaltar aquí ante todo el famoso «Les foules» de la compilación del año 1869, editada póstumamente, *Spleen de Paris*, en el que el poeta celebra como una «sagrada prostitución del alma» su dejarse-llevar, descentrado y adicto a las imágenes, por las masas que inundan la gran ciudad. Husserl hubiera retrocedido aterrado, si se hubiera dado cuenta de que bajo el para-idealismo elegantemente melancólico de su invitado no se ocultaba ningún *daimonion* platónico, sino la variante tardo-habsbúrgica de una mística de la falta de resistencia. Es verdad que ésta quería apoderarse del mundo entero, pero ya no mediante síntesis imperiales, sino más bien con intuiciones oscuras en el entretejimiento de todo con todo. La prostitución total de la atención quiso desarrollar el último teatro del mundo.

Hugo von Hofmannsthal murió en julio de 1929 de un ataque de apoplejía en el camino al entierro de su hijo Franz, que se había suicidado con una pistola. Fue enterrado con el hábito de monje franciscano. Una carta de Husserl de 1934 muestra que en aquel tiempo el filósofo había abandonado la búsqueda de alianza, apoyo y comunidad: «He alcanzado la soledad filosófica total», escribe, resignado, con setenta y cinco años. Sólo podía y debía existir «con la *tranquillitas animi*», «como simple funcionario del absoluto»[13]. Había llegado a ser suficientemente viejo para tener que experimentar cómo por todas partes se consuma la venganza de la vida tomadora de postura de la teoría contemplativa. Murió en 1938, de modo que aún fue testigo del incipiente camino al infierno del espíritu europeo y necesariamente tuvo que saltarle a la vista cuán grande era la contribución alemana a ese proceso.

---

[13] Carta a Rudolf Pannwitz del 17-V-1934, citada en *Husserl*, de Uwe C. Steiner (sel.), Múnich 1997, pág. 87.

Ya desde mitad de los años veinte del siglo pasado veía pasar los trenes –llenos de voluntarios del ser, del tiempo y de las situaciones– que circulaban a través de Friburgo, Moscú y París hacia una estación final de naturaleza política. Pararan donde pararan, de esos trenes se apeaban viajeros que habían abjurado de la teoría contemplativa. Todos ellos profesaban el primado de la toma de postura, de la preocupación por las cosas, del interés, del partidismo y de la lucha. Daban a su confesión un nombre, que cuelga del pensamiento del siglo XX como una mancha esplendorosa: compromiso. A ese elemento iba dirigido el agudo diagnóstico de «traición de los intelectuales» que el polemista francés Julien Benda hizo ya en 1927 sobre todo el pensamiento de la Modernidad.

También Husserl en sus últimos años creía haberse convencido de que la cultura europea de la razón estaba radicalmente enferma. En su descripción del objetivismo patológico, de cuya supremacía se quejaba ante todo, seguía intuiciones que se daban la mano con las de la primera Teoría Crítica, a pesar de que había atribuido a sus planteamientos sociologistas más bien el mal que su terapia. En sus últimas meditaciones sobre el distanciamiento entre ciencia y «mundo de la vida», *La crisis de las ciencias europeas y la fenomenología trascendental*, expuso cómo se desarrolla la enfermedad y cómo desde su punto de vista habría de tratarse. Pasó sus últimos años, si se puede decir así, dedicado a una extravagante carrera de medicina: tras el fracaso de sus intentos por elevar la filosofía al rango de una ciencia estricta, ahora quería hacerse útil, al menos, como médico de la cultura.

Se ofreció para aliviar los dos achaques principales de la racionalidad europea, que denominó objetivismo fisicalista y subjetivismo trascendental, seguramente barruntando cuánto había contribuido él mismo, voluntaria e involuntariamente, al último. Puede ser que en el fondo no creyera en dos enfermedades diferentes, sino en una sola que se manifiesta en la disociación de la cultura de la razón en esas dos tendencias fallidas. La expresión-guía de su pensamiento de vejez, «mundo de la vida», delata aquello de lo que entonces se había dado cuenta: toda la empresa teórica ha de ser conectada a la tierra. La teoría tiene que superar su desafortunada abstracción y regresar a su apriori concreto, a su basamento en el mundo real y común. Todo eso había aprendido el maestro de su temeroso discípulo Heidegger. «Mundo de la vida» no era siquiera la expresión clave para significar la plétora inagotable de lo real. Constituye un «suelo» de normalidad familiar, al que se puede permanecer fiel sin abandonar los requerimientos del pensar. Jamás una radicalidad acabó tan módica; en tanto Husserl recordó al final la fundación mundano-vital –hoy diríamos más bien «inserción» situacional– de todo pensar, hizo constar en acta: existe un mundo por encima del cual no hay que situarse. El mundo real es algo más que un mero ejemplo para mundos posibles. Querer «trascenderlo» está fuera de lo que los seres humanos habrían de desear, bastaría una pertenencia sensata a él. Todas las enfermedades de la razón son lesiones al mundo de la vida.

La patología general de la razón, que habría que plantear en la línea del Husserl tardío, no ha sido escrita hasta ahora. Probablemente tendría que incluir tres partes fundamentales: una teoría de las neurosis de la razón en forma de una fenomenología de las ideologías, de los fantasmas, de los delirios (habría algunos apartados más o menos útiles, como éstos, que tras una puesta al día podrían ser incorporados en la versión final); una teoría de las posturas viciadas adquiridas por el espíritu (tal como fue desarrollada, entre otros, en los trabajos de la escuela neo-fenomenológica de Kiel); y una crítica de la razón comprometida, que incluyera la de la patología del radicalismo, que, a pesar de los numerosos intentos hechos con el «fanatismo», el «totalitarismo», el «fundamentalismo» y similares, no parece que haya superado el estadio de esbozo.

Quiero invitarles ahora a un segundo salto, que desde este primer ejemplo, aún casi moderno, de esfuerzo y ejercitación de un hábito-teoría contemplativo nos lleve a un proceder anclado en la Antigüedad griega. Se ha transmitido un grupo de anécdotas y descripciones caracterológicas sobre el filósofo Sócrates, cuyo punto de referencia común consiste en una observación sumamente significativa: apunta a una particularidad socialmente excesiva del pensar, por no hablar, mejor, de una particularidad asocial. Está documentado que Sócrates tenía la costumbre de «hundirse» en sus pensamientos; como si el pensar se tratara de una especie de trance o de un sueño diurno obsesivo. Como aparece en Jenofonte, Sócrates era diestro en «dirigir su espíritu a sí mismo», interrumpiendo el contacto con su entorno y permaneciendo «sordo incluso ante la plática más insistente». Parece que una vez, durante una campaña militar en la que había sido enrolado en su calidad de ciudadano de Atenas, permaneció en pie sin moverse en un lugar durante veinticuatro horas, dedicado a una actividad interior que su entorno consideró ridícula, aunque sorprendente, y quizá incluso numinosa. También Platón contribuye en alguna medida a la leyenda de las ausencias de su maestro, por ejemplo, cuando al comienzo del *Banquete* hace que Sócrates llegue tarde a comer porque se había parado en el soportal de la casa de al lado entregado a uno de sus conocidos episodios pensantes. Cuando finalmente llega a la reunión de amigos en casa de Agatón, el joven poeta invita al rezagado a tenderse a su lado, observando: «Para que con tu cercanía también yo reciba mi parte de la sabiduría que se te ha entregado allí, en el soportal. Pues es evidente que la has encontrado y que la tienes; si no, no habrías desistido». A lo que Sócrates respondió: «Sería magnífico, Agatón, si con la sabiduría sucediera así: que cuando nos acercamos rebosara del más lleno al más vacío, como sucede con el agua en los vasos, que a través de una mecha de lana fluye del lleno al vacío»[14].

Por escenas como ésta averiguamos cosas esenciales sobre la «naturaleza» del pensamiento. Pues, aunque los testimonios antiguos no nos proporcionen el mínimo indicio sobre los contenidos de los ensimismamientos socráticos, todos ellos consideran respetuosamente los estados «ausentes» del sabio como una característica que no puede separarse del asunto del pensar. Evidentemente los pensamientos forman entre ellos un contexto tan compacto que se incautan de la conciencia del pensador e interrumpen su conexión con la percepción de las circunstancias. Esto parece significar que en el pensar auténtico los pensamientos pertenecen unos a otros más estrechamente que el pensador a su medio. Quien vive esa experiencia *in actu* es desarraigado de la relación cotidiana con las circunstancias y absorbido completamente por operaciones «internas». El descubrimiento de ese nuevo tipo de compacidad equivale a la fundación de lo «espiritual» como un espacio de coherencias y necesidades hasta entonces desconocidas. Ningún ser humano normal supone que se tenga que decir B cuando se ha dicho A. Sólo los pensadores se sienten arrastrados por la clara exigencia con la que una B sigue a una A, por más que se hundiera el mundo. Por el pensar se produce un autismo artificial que aísla al pensador y lo lleva a un mundo especial de representaciones forzosamente unidas.

---

[14] Platón, *Banquete* 175d.

Para interpretar este fenómeno inquietante, los antiguos comentaristas no conocían otro medio que recurrir al mito del diálogo del alma con un demonio. Sócrates mismo se sirvió de esa popular ficción religiosa para explicarse sus excursos al otro estado. En la terminología de Niklas Luhmann a tal estado de absorción en el operar interior se le llamaría una observación inobservable y se pondría en analogía con los sueños que, como es sabido, sólo el soñador vive. Sócrates confesaba que su sabiduría era «algo muy mediocre y equívoco porque es como un sueño»[15].

Si se ve al sabio en una de sus ausencias, se es testigo de un tipo especial de desamparo. No se sabe lo que sucede en él: ¿oye voces, ve imágenes, se debate contra una presencia demónica o más bien experimenta dentro de sí una irradiación divina? Lo que sí está claro es que permanece inmóvil ante nosotros pero está muy lejos. Y, en cualquier caso, estamos dispuestos a admitir que se trata de algo diferente a una holganza usual. Más bien suponemos que se trata de una detención tranquila ante una llamada que le llega a él, al pensador, de otro sitio que no puede determinarse con precisión. De hecho, Sócrates está de viaje interior. En cierto modo se le podría entender como un emigrante, como el inventor de una emigración sublime. Quien piensa como pensaban los primeros filósofos descansa del mundo común, emigra a un contramundo que fue interpretado por la metafísica platónica sin mayores reparos como el supramundo, el mundo verdadero; sí, la verdadera patria de la parte mejor de nuestra alma.

Esa experiencia no sólo hace estallar las imágenes populares del mundo, sino que rompe también las solidaridades sociales arraigadas. Mediante la preocupación común por el «mundo

---

[15] *Ibidem*, 175e.

verdadero» puede conformarse entre pensantes una comunidad de segundo orden, basada en vivencias lógicas compartidas y en una mancomunidad para la búsqueda de la verdad. Aquí ya no valen las tradicionales solidaridades familiares, étnicas y cívicas. Por lo que respecta a las consecuencias sociales de esa secesión espiritual, se manifiestan en la dramática constatación de que toda sociedad altamente desarrollada ha de contar con la existencia de contrasociedades de pensadores. Desde hace más de dos milenios y medio una parte pequeña, pero no inesencial, de la población de nuestro hemisferio está siempre con el pensamiento en otra parte. Edificios de academias, escuelas, monasterios, iglesias y recintos de soledad muestran cómo ese en-otra-parte se articula arquitectónicamente. En relación con las circunstancias actuales me conformo con indicar que la última cultura de la racionalidad –a la que, no sin razón, se ha calificado en general de experimento antiplatónico– puede entenderse en amplia medida como una empresa de reempadronamiento de la ciencia. En ella se buscan respuestas a las siguientes preguntas: ¿cómo interpretar ese estar-en-otra-parte del pensador si ya no quiere describirse por más tiempo como ascensión lógica al cielo o emigración académica? ¿Cómo habría que fundar en el futuro comunidades intelectuales de solidaridad que no conlleven inevitablemente la ruptura con la primera sociedad? ¿Pueden realmente transformarse las sociedades modernas, como se afirma tan a menudo últimamente, en «sociedades del saber», en las que la oposición entre los cultos y los incultos pierda su antigua agudeza? ¿O –como un cierto extremismo platonizante sugiere aún en la actualidad– hay incluso que transformar los pueblos reales siguiendo el modelo de las comunidades buscadoras de la verdad?[16]

---

[16] En Francia, demandas de ese tipo, dirigidas al judaísmo y al Estado

Una respuesta parcial a esto la insinuó Hannah Arendt en un capítulo de su libro *La vida del espíritu,* al que con intención inequívocamente provocadora tituló «¿Dónde estamos cuando pensamos?»[17]. Esa formulación podría considerarse paródica si se topa con ella fuera del contexto aquí insinuado. Hannah Arendt, sin embargo, observa sin ambages que es imposible determinar el lugar del pensar con datos de la topología cotidiana. También ella remite a las ausencias socráticas: cuando se «ve pensar» al Sócrates sumergido en sí mismo es evidente que no se le puede situar donde se le percibe físicamente. Pero ¿dónde si no? Puede que a muchos contemporáneos les parezca obvio afirmar que los pensamientos del filósofo están en su cerebro, el filósofo a su vez en el aula, el aula en la universidad, la universidad en la ciudad, y así hasta el receptáculo de todos los receptáculos, el universo. Desde el punto de vista del análisis existencial no se consigue nada con tales enunciados sobre el dónde del ser-ahí pensante. Enunciados de la física y de la topología cotidiana no permiten localización alguna del ser-ahí real que piensa. No aportan nada para responder a la pregunta de dónde está Sócrates, y los postsocráticos que lo imitan, cuando se hunde en sus pensamientos.

La respuesta correcta reza lapidariamente: están en otra parte, de la que por ahora no podemos ofrecer una determinación más precisa. La expresión «otra parte» –Hannah Arendt prefiere la de «ninguna parte»– ha de bastar de momento. Quien no

---

de Israel, han granjeado al platónico declarado Alain Badiou el reproche de antisemitismo y fascismo. Bajo la presión de la sospecha de «fascismo lógico», Badiou deriva recientemente a posiciones cercanas al «socialismo lógico» de Peirce y de algunos neokantianos alemanes tras 1900.

[17] Hannah Arendt, *Vom Leben des Geistes,* vol. I, *Das Denken,* Múnich/ Zúrich 1989, págs. 193-ss.

se desanime por la vaguedad de esta advertencia se convencerá, si sigue reflexionando, de que entre el enunciado más general de situación –ser-en-el-mundo– y el más especial –ser-en-pensamientos– hay una conexión. En el de ser-en-pensamientos llama la atención expresamente una característica que también afecta al de ser-en-el-mundo como tal y que por regla general no se tiene en cuenta: el rasgo extático. El éxtasis, tal como la filosofía lo entiende, no es un fenómeno de obnubilación que interese a psicólogos o químicos, sino el modo y manera en que el ser-ahí mismo se presenta como tensión en una otra-parte, da igual si esa tensión se entiende como tendencia al «trascender» o como impulso al «devenir» creador. No sin motivo Heidegger puso de relieve el parentesco de sentido entre el término griego *ekstasis* y el latino *existentia*: en ambas expresiones recae el acento en la movilidad de la que resulta un «estar fuera». Según eso existir significa no quedar absorbido en una localización inequívoca, sino estar en tensión de aquí allá y de ahora a antes o después. Podría decirse, en formulación alternativa, que quien existe es requerido en su «lugar» desde otra parte. Del Heidegger temprano procede la frase oscura, pero plenamente transparente según su plan de construcción: «Ser-ahí significa mantenerse en el interior de la nada»[18], una sentencia que hace suponer que la existencia no puede pensarse sin que inquiete lo «abierto».

Quizá sea posible ponerse de acuerdo en la afirmación de que el ser-ahí esté localizado «plurivalentemente» desde sí mismo, que esté cargado desde siempre, más allá de ser ahí, con un plus de ser en otra parte. Puede ser que el desplazamiento al interior del pensar haga visible un aspecto de ese impulso de la

---

[18] Martin Heidegger, *Was ist Metaphysik?* [*¿Qué es metafísica?*], lección inaugural en Friburgo el 24 de julio de 1929, Fráncfort del Meno 1981, pág. 35.

existencia hacia otra parte. Es el que sigue el pensador cuando sale de la esfera de la convivencia pública para experimentar, en lugar de ello, la inmersión en el medio de las ideas coordinadas. Lo que experimenta en el otro estado no es una reproducción del vocerío del mercado, no es la bulla insoportable de las asociaciones que surgen en la cabeza sin resultado alguno (y que últimamente se explica como competencia de los memes por libres potencialidades de cálculo del neocórtex[19]). El pensamiento se mantiene tan lejos de los mitos de las nodrizas y marineros como de los programas de los agitadores en el ágora. Los pensadores se asientan en una esfera en la que domina un único ejercicio: clarificar el sentido de las palabras, de las proposiciones y de las secuencias de proposiciones que nos es lícito expresar cuando queremos decir algo verdadero. Pensar significa aquí, según antigua convicción, la búsqueda del concepto verdadero de una cosa. Según la comprensión platónica, este esfuerzo sólo puede conducir a un resultado sólido si el discurso humano se ancla en otro mundo, la esfera de las ideas, o como quiera llamarse ese ámbito de objetos lógicos estables. Y, como siempre que se trata de esta doble pertenencia –al mundo empírico *y* a otro supraempírico–, aparece en juego el fenómeno de la doble subjetividad: mi yo real *y* un sí mismo mayor. Igual que dice san Pablo: vivo, pero no yo mismo, sino que Cristo vive en mí[20], el lógico platónico declara: pienso, pero cada vez que pienso correctamente no soy yo mismo sino la idea en mí.

Ésta fue, pues, la gran intuición de Platón: las ausencias de su maestro Sócrates no debían seguir produciéndose en

---

[19] Susan Blackmore, *Die Macht der Meme oder die Evolution von Kultur und Geist [La fuerza de los memes o la evolución de cultura y espíritu]*, Heidelberg/Berlín 2000.

[20] Carta a los Gálatas 2, 20.

soportales y en lugares públicos, donde cada viandante que pasara podía mofarse del arrobado. Se propuso entonces recoger bajo una cubierta apropiada la precaria circunstancia de la dedicación total a los pensamientos. No otra cosa es la Academia originaria, considerada una innovación creadora de espacio: representa una nueva institución, sin precedentes modélicos, para albergar ausencias que se producen en la búsqueda de la conexión, aún ampliamente desconocida, entre ideas; y, por qué no, en el estudio de la conexión entre palabras y cosas, que, si se considera correctamente, sólo puede ser problemática. La Academia es el equivalente arquitectónico de lo que Husserl enfatizó como *epojé*: una casa para la cosmovisión y la puesta entre paréntesis de las preocupaciones, un asilo para esos huéspedes enigmáticos que llamamos ideas y teoremas. Según el modo de expresión actual se la designaría como un retiro o un lugar de reclusión.

De hecho, al fundar la Academia el año 387 a. C., Platón tenía en mente un diseño práctico de vida retirada, tal como lo había conocido inmediatamente antes, en su primer viaje a Sicilia. Parece que en la ciudad de Crotona, en el sur de Italia, encontró una comunidad de eremitas dedicados a la teoría, que se remitían al sabio Pitágoras, un hombre del que no se sabe si era todavía un chamán o ya un matemático o ambas cosas a la vez. Tras las huellas de su maestro, muerto entonces hacía ya más de cien años, aquellos extraños personajes se habían apartado de la comunidad ciudadana para llevar una vida dedicada al estudio de los números y al vegetarianismo. Aunque los datos no sean fiables y difícilmente pueda negarse su parte legendaria, puede extraerse de ellos una alusión a la cualidad provocadoramente nueva del retiro platónico. *De facto*, Platón recondujo la retirada de la ciudad a la ciudad misma e instauró con ese gesto una diferencia político-topológica de grandes consecuencias histórico-universales. Por utilizar la terminología de Michel Foucault, el asentamiento de la Academia en la ciudad significa una «heterotopía». Esta expresión designa un lugar delimitado, que, aun siendo cierto que se incluye en el entorno normal u «ortotópico» de la polis, está sujeto a sus propias leyes, chocantes, incluso incomprensibles, para la ciudad. No hay que considerar la Academia como una utopía. No es una construcción en ninguna parte, que hubiera que buscar tan inútilmente como la civilización de la Atlántida. Es un lugar absolutamente concreto, muy cerca de la ciudad, a pocos pasos de las murallas, un *otra-parte* realmente existente, al que se puede entrar si se respetan las condiciones de admisión, a saber: conocimientos previos de matemática y buena voluntad para dejarse instruir por lo «no oculto» o «no engañoso».

De esa construcción heterótopa, de otra condición y «otra localización», proceden todas las instituciones que se distinguen por la «diferencia académica». Con ello, permítanme este paréntesis, tenemos un buen motivo en este instante y en este punto para inclinarnos ante Platón, el inventor de la escuela superior. (Igual que, en atención al *genius loci*, ante la figura cautivadora de Mechthild von der Pfalz, por su intervención tanto en la fundación de la universidad de Tubinga el año 1477 como veinte años antes en la de la universidad de Friburgo –en la que enseñó Husserl desde 1916 hasta su jubilación en marzo de 1928–. Nadie podrá afirmar que estos bastiones del estudio en el suroeste alemán no han cumplido su misión *in puncto* cosmovisión y albergue de ausencias.)

El criterio fuerte de la vida en la *epojé* académica es una ética de carácter pacífico, por la cual incluso la disputa más acalorada entre doctos y las opiniones encontradas de escuela sólo deben desarrollarse en el paréntesis de la paz teórica. Pertenece a la vida académica, pues, desde el principio, un ejercicio de paz específico, que de nuevo recuerda lejanamente la *epojé* de Husserl; pues sólo como lugar de esa paz lógica que sustenta la teoría como tal puede mantener la *akademia* hasta hoy su diferencia con todos los demás foros, arenas, parlamentos y redacciones. Todas las intrusiones de movimientos no pacíficos en las universidades, como en diversas oleadas pudieron observarse en el siglo XX, son rechazables por actuar en contra de la ley fundamental del pacifismo académico. Y queda por probar –la sospecha es explícita y la denuncia está formulada– si la intrusión actual del economicismo en las escuelas y universidades no equivale también a un allanamiento de morada.

El espíritu de un concepto de paz emparentado con el irenismo académico alienta en la definición de Spinoza: *pax enim non privatio belli sed virtus est quae ex animi fortitudine oritur.* La paz no es la ausencia de guerra sino una virtud (conseguida por el ejercicio) que surge de la fortaleza (que debe ser consolidada por el ejercicio) del alma pensante[21].

---

[21] Spinoza, *Tractatus politicus* V, 4. Cfr., en contraposición, la definición católica según la constitución conciliar del Vaticano II *Gaudium et Spes*: *Pax non est mera absentia belli... sed recte dicitur «opus iustitiae»* (Isaías 32, 17).

2
«El observador ha aparecido»
Sobre el surgimiento del ser humano capaz de *epojé*

Con estas alusiones a curiosidades tempranas y complicaciones posteriores de la vida teórica se han dado los presupuestos bajo los cuales puedo pasar al siguiente apartado de mis consideraciones. Había anunciado que en la segunda parte de esta conferencia hablaría del «múltiple condicionamiento del ser humano capaz de *epojé*» y había prometido que haría lo posible por esclarecer la oscuridad de esa expresión. Ya lo he cumplido en la primera parte, al referirme al préstamo del citado término que Husserl tomó del escepticismo griego y al ocuparme de su papel en el marco de los procedimientos fenomenológicos. Queda por hacer la parte mayor del trabajo, ya que ahora quiero exponer cómo pudo llegar a ser siquiera plausible la puesta entre paréntesis de las representaciones surgidas de la vida y su sustitución por objetos lógicos estables, *alias* «ideas».

En adelante se trata de algo que puede designarse como una indagación genealógica en el sentido de Nietzsche. Como es sabido, la genealogía facilita respuestas a preguntas por el origen. Representa el modelo de una disciplina crítica con ánimo normativo, dado que un análisis de este tipo correctamente realizado consiste estrictamente en la diferenciación entre procedencias buenas y malas. La oposición entre bueno y malo corresponde aquí a la antítesis entre noble y plebeyo. La genealogía pertenecía tradicionalmente a los recursos de quienes querían asegurar que su linaje se remontaba a orígenes nobles.

Pero también presta sus servicios a aquellos que quieren confirmar sus sospechas de que no están del todo claras las cosas con el ascenso de esta o aquella «dinastía». No resulta extraño que el modo de consideración genealógico sea susceptible también, en cierta medida, de uso metafórico. En este sentido fue Nietzsche, sobre todo, quien convirtió la genealogía en un instrumento refinado de evaluación de tradiciones culturales.

Ponerse en el origen de la actitud teórica en general y de las ciencias en particular significaría pensar genealógicamente: averiguar si esas magnitudes realmente proceden de padres tan buenos como ellas mismas no se cansan de afirmar. ¿Se ha analizado alguna vez suficientemente la cuestión del origen en relación con la teoría? ¿No podría suceder que si se plantea el fundamento de los fenómenos con mayor profundidad se encuentren también en el árbol genealógico del pensar influencias sospechosas y apéndices cuestionables?

Naturalmente, si con toda tranquilidad se estuviera seguro de la excelente ascendencia propia no se ocuparía uno de tales conjeturas ni respecto a la investigación literal ni a la metafórica de la procedencia. Quien adopta la perspectiva genealógica hace *eo ipso* una concesión a la sospecha de que el asunto en cuestión, a pesar de su noble apariencia, posea una lacra heredada. En nuestro caso la hipótesis crítica reza: ¿sería posible que el comienzo real de las ciencias no estuviera de ningún modo en el asombro, como tanto gustaban de afirmar los antiguos suponiendo que quien se remite a ese afecto, tenido por noble, está en una posición segura frente a más investigaciones?[22] ¿No

---

[22] Aunque también se manifiesta que el asombro no es un afecto noble, sino, como afirma Descartes, la más desagradable de las «pasiones del alma». Por ello aparece en primer lugar en su lista y cualquier dispendio

resulta, además, imaginable que Aristóteles se sirviera *ex profeso* de una exageración equívoca al afirmar que todos los seres humanos aspiran «por naturaleza» al conocimiento, donde «por naturaleza» designaría la nobleza más antigua del mundo, «aproximadamente»[23] comparable aquí al título originario de nobleza nietzscheano? ¿Y si las virtudes teóricas, tan encomiadas, procedieran en realidad de debilidades encubiertas? ¿Y si se basaran en dudosas compensaciones de defectos pertinaces, o incluso en la mórbida incapacidad de asumir los hechos de la vida sin disimulos ni evasivas? Y Husserl, que en sus años de vejez afirmó ingenuamente que tuvo que filosofar porque, de lo contrario, no habría podido vivir en este mundo: ¿no delató con este reconocimiento algo que encerraba en sí el peligro de confirmar temores apenas confesables sobre la procedencia de la teoría de deficiencias sobrecompensadas?

Cuando planteo la pregunta por la ascendencia del ser humano capaz de *epojé* es imposible no escuchar el interés genealógico-crítico que resuena en ella. ¿Proviene realmente el *homo theoricus* de una cuna tan alta como él mismo asegura desde sus primeros días? ¿O es más bien un bastardo que quiere impresionar con falsos títulos? Y, en caso de que sea un bastardo, ¿qué mezcla delataría su dudoso origen? En tan suspicaces investigaciones se manifiesta la convicción, vinculante para genealogistas, de que no hay que dejarse llevar por cuestiones superficiales. Lo primero que ha de aprender el investigador de la genealogía es a dejar de lado los enunciados altivos que instancias dudosas formulan sobre sí mismas. Por el contrario,

---

de conocimiento que se haga para su eliminación nunca será excesivo. Cfr. el apartado *étonnement* en el *Traité des passions de l'âme*, 1649.

[23] Cfr. Friedrich Nietzsche, *Así habló Zaratustra*, libro 3, «Antes de la salida del sol».

para él rige la ley: cuando se focaliza un objeto desde la sospecha genealógica, de cualquier ideal expuesto se infiere la condición o el estado de «quien lo necesita».

Tras precedentes en los moralistas franceses, fue Friedrich Nietzsche el primer virtuoso de este tipo de pensamiento desde que en la *Genealogía de la moral* planteó la pregunta: «¿Qué significan los ideales ascéticos?». Su fatal informe es conocido: son testimonio de la peor ascendencia que pueda atribuirse a una cosa. Malo es según él lo que procede de la toma de postura torcida, envenenada y rencorosa de la vida reprimida frente a los hechos de la existencia. Para Nietzsche no hay nada más venenoso, malo y torcido que el resentimiento, llegado al poder, tal como despierta de la envidia inconfesa, de la inferioridad rebelde y del aplazado deseo de venganza de una casta de agitadores y clérigos ansiosos de poder; con estas palabras Nietzsche somete de forma inequívoca a la sospecha del origen a todo el campo de valores convencionalmente cristianos y de sus secularizaciones políticas. A la vez, nada es más comprensible, humano y exitoso, tanto política como culturalmente, que el *ressentiment* de los discriminados.

Sobre la pista de estas consideraciones se llegó al descubrimiento más alarmante de la genealogía ampliada: el regreso a las raíces en el resentimiento aclara muchas cosas respecto a la parte más grande del mundo, en tanto ésta constituye el ámbito de dominio de la moral de la envidia y sus derivados. De los padres peores procede la familia más ramificada. La forma de pensamiento apropiada a ese fenómeno sólo puede ser una psicología desenmascaradora que nos permita la comprensión de todos los miembros de la casa. Las buenas razones, que todos entienden, son las malas, que explican la mayoría de las cosas. El desenmascaramiento del resentimiento no se produce por arrogancia, como suponen tantos afectados que, comprensiblemente, se defienden de este modo. Surge del impulso terapéutico-cultural con el que, dentro de toda la cultura occidental, incluso de todas las culturas afectadas de adicción al supramundo, Nietzsche quiso llevar a cabo la transformación epocal de las tendencias negadoras del mundo y de la vida en virtudes afirmativas. Desde este punto de vista tenía razón Albert Schweitzer cuando destacaba a Nietzsche –tras Sócrates y Jesús– como el maestro ético determinante de la tradición occidental.

Así pues, quien, estimulado por Nietzsche, investiga la genealogía de la actitud teórica y del acceso científico al mundo como tal lo hace con la intención de procurarse claridad sobre si también en esas dimensiones cognitivas hay que reconocer descendientes del resentimiento. ¿No está ligada la ciencia, a su manera, a los destinos de los «ideales ascéticos»? ¿No está implicada toda teoría en esa larga rebelión de esclavos que se enmascara como progreso en el dominio de la naturaleza en bien del ser humano, como la primera Teoría Crítica afirmaba de manera criptonietzscheana? ¿No son también un estímulo para la «voluntad de saber» los impulsos vengativos de los humillados y ofendidos? ¿O puede el deseo de conocimiento remitirse a fuentes más respetables que a la coacción a compensar deficiencias primarias con medios «espirituales»? Puede que sea el momento de una advertencia previa: quien inicia tales análisis debería precaverse del *pathos* sugestivo de sus preguntas. También ellas se sustentan en un fundamento vacilante, y nadie lo supo mejor que el autor de *La gaya ciencia*. Él no sólo fue maestro de la sospecha frente a falsos blasones de nobleza, sino que sospechó de la sospecha misma y le adscribió también una ascendencia de padres oscuros. No siempre el pensar que sospecha es un signo de ese recelo saludable que Nietzsche asignó, junto con el sarcasmo olímpico, a la dotación fundamental de todo buen racionalista; demasiadas veces se traslucen también en él las cargas hereditarias más sospechosas: la paranoia por parte materna, el afán menospreciativo por parte del padre. Por eso, el pensar genealógico necesita un constante ejercicio de equilibrio: quien quiere evaluar personas, cosas e ideas confrontándolas con sus fuentes y destinos tiene que saber operar con la sospecha por este lado y por el otro.

Como se ve, las preguntas planteadas son demasiado serias y complicadas para liquidarlas con una respuesta rápida. En lo que sigue presentaré una serie de puntos de vista desde los que se puede tratar la cuestión del origen en relación con la cultura racionalista de la vieja Europa. Cuento hasta cuatro aproximaciones al asunto, apropiadas para hacer comprensible de forma sumaria cómo pudo llegarse *more philosophico* en la antigua Hélade a la emergencia de teoría y ciencia. Dado que ambas se vincularán a la aparición de ascesis, actitudes y rutinas correspondientes, nuestra pregunta guía reza: ¿bajo qué condiciones concretas hay que pensar el hecho de que el ser humano capaz de *epojé* llegue a ser característico?

Sean cuales sean las respuestas a estas cuestiones, algo parece evidente: ya que en el tiempo de los primeros teóricos las disciplinas y campos que más tarde se llamaron teoría, ciencia y filosofía no existían aún en formas regulares y establecidas, el ser humano, de camino para conseguirlo, tenía que estar preparado de algún modo para ello con actitudes, inclinaciones y prácticas preteóricas, precientíficas y prefilosóficas. Si practicar la *epojé* significa ejercitar una postura de abstinencia que estimule la observación, resulta natural entonces explorar las circunstancias más generales en busca de los elementos que motivan tales *modi* «desconectados» del comportamiento intelectual. Puede que en todas las épocas la tendencia a apearse de la corriente de la vida y contemplar desde la orilla el espectáculo del mundo haya sido una dote inespecífica de ciertos pueblos, castas y familias. Pero sólo bajo condiciones muy específicas, quizá incluso singulares, pudo llegarse a la cristalización del *bíos theoretikós* en una determinada cultura y en un determinado momento. Parece que de pronto se reunieran las premisas bajo las cuales la improbabilidad del fenómeno, rayana en lo imposible, es superada por el impulso a la realización. Y el recién llegado, apenas ha visto la luz del mundo, inmediatamente difundirá la aclaración de que él encarna desde siempre el tipo de vida más noble y procede de los mejores padres, sí, de los dioses mismos, con la única restricción de que los dioses son incapaces de asombrarse.

Quiero mostrar en varios pasos cómo hay que reconstruir la aparición de la capacidad de *epojé* en los griegos de la era clásica y postclásica. Primero presento un argumento psicopolítico, después otro caracterológico o psicológico, luego otro sociológico y por fin uno teórico-mediático.

Para desarrollar mi primera sugerencia recordaré la fundación de la Academia platónica, esta vez centrando la atención en la fecha. Cuando Platón, entonces con cuarenta años, tras su regreso del primer viaje a Sicilia, en torno al 387 a. C., adquirió el solar en el bosquecillo del Hekádemos, al noroeste de los muros de la ciudad, para establecer allí su jardín de la teoría, muy cercano a un campo de deportes, cuyo vivaz ajetreo debió de demostrarle que a la gente joven no le parecía muy largo el camino hasta aquel lugar, seguramente echó la vista atrás a una secuencia significativa de acontecimientos producidos en Atenas: había pasado justamente un decenio desde que en el año 399 a. C. tuviera lugar el proceso contra Sócrates, acusado de impiedad o desprecio al culto *(asébeia)* y de influjo pernicioso en la juventud. Un período fatal para Atenas. Entre el 404 y el 403 a. C. azotó a la ciudad la sangrienta reacción oligárquica que se conoce por los libros de historia como la «Dictadura de los Treinta»; inmediatamente antes, la guerra de tres decenios contra Esparta había terminado con la ruina de Atenas y con un régimen de ocupación temporal espartano. La juventud de Platón –había nacido en torno al 428 a. C.– estuvo marcada por acontecimientos bélicos permanentes, por lo que no conoció en absoluto el feliz *bíos politikós* dentro de una democracia en paz. Tanto más tuvo, por ello, oportunidad de acumular impresiones de los discursos pronunciados en el ágora de la polis en guerra, cuyos resultados prácticos, además, podían observarse en la incesante reactivación de las hostilidades. Que Platón no fuera capaz de ofrecer un juicio positivo sobre lo que más tarde llamaría *dóxa* se entiende por sus observaciones sobre los efectos de la libre «manifestación de opinión» en la ciudad en guerra. Para él, como para muchos de sus contemporáneos, la diferencia entre la exteriorización de las convicciones y el griterío del partido de la guerra se había reducido a una magnitud insignificante. En lugar del concurso de puntos de vista con sentido, que presentaran auténticas perspectivas vitales, ya hacía mucho tiempo que había aparecido la agitación permanente. El tumulto de los eslóganes había desplazado el bello pluralismo de las opiniones generadas en el acontecer de la vida. Lo que quedaba eran instigaciones militantes, como las que se conocen también en la disputa sin fin entre los campos ideológicos modernos.

Frente a este trasfondo puede establecerse un diagnóstico claro: la instauración institucional de la filosofía mediante la apertura de la escuela de Platón en torno al año 387 a. C. fue una reacción al desmoronamiento del modelo ateniense de la polis. La cruda evidencia le llevó a la conclusión de que la democracia como forma colectiva de vida deseable había fracasado. La política, como preocupación compartida por la colectividad, había dejado de ser la suprema necesidad del espíritu. Así como Hegel proclamó el final del arte, habría que hablar aquí del final de la cultura de la polis, incluso del final de lo político como tal. La filosofía, tal como Platón la transmitió a la posteridad, es hija de la derrota y, a la vez, su compensación por una huida espiritual hacia delante. Comprendida desde su origen histórico e interpretada según su ánimo fundamental, el desde entonces llamado «amor a la sabiduría» es la forma primera y más pura del romanticismo de los perdedores: conversión de una derrota en una victoria en otro campo y disfraz de una pérdida irreparable con una ganancia interminable.

A la luz de este diagnóstico hay que hojear una vez más las referencias de Platón a la muerte de Sócrates. Ya con esa sublime *performance* para ilustrar la sentencia de que tras una vida filosófica es preciso morir filosóficamente, el lenguaje de gestos romántico-perdedor llegó a un punto culminante insuperable. Muestra lo que pueden hacer los perdedores para convertir como por arte de magia, en el último minuto, las derrotas en victorias. Puede que el Sócrates vivo fuera el último ciudadano auténtico de la polis, que no hubiera querido vivir en ninguna otra parte sino en su ciudad y bajo sus leyes; y que por eso se negara a huir tras el veredicto de culpabilidad. Sócrates en el umbral de la muerte es el testigo principal del mundo postpolítico.

Es nuevamente Nietzsche quien se dio cuenta por primera vez de estos contextos. Era lo bastante desconfiado como para comprender que Platón hace decir una frase de más al Sócrates que se despide. Nietzsche puso el dedo sobre la fatal sentencia del *Fedón*, en la que el sabio encarga a su amigo Critón: «¡Debemos un gallo a Asclepio, págaselo y no lo descuides!». Los comentaristas señalan aquí que la ofrenda de un gallo era entre los griegos parte de un ritual religioso-popular que se llevaba a cabo cuando uno se levantaba curado del lecho. Según ello, Sócrates construye una metáfora peligrosa en su última sentencia: habla con toda seriedad como si ahora que se va de la vida tuviera buen motivo para dar las gracias al dios de la medicina. Parodia el ritual de acción de gracias de los curados ante el altar del dios de los médicos: lo hace en tono incidental, pero con una intensidad blasfema que habría de conllevar consecuencias sin par. Por lo que respecta a sus enormes implicaciones, su gesto de despedida sólo es comparable al ritual judío del cordero pascual, con el que Jesús mismo se puso a disposición como *agnus Dei*. Sólo faltaba que se hubiera rendido homenaje a Sócrates, a la víctima condescendiente de una ejecución jurídicamente dudosa, como al gallo de Dios. Con la promesa de una ofrenda de acción de gracias a Asclepio el sabio moribundo da a entender que tenía que agradecer a lo celeste la curación de la madre de todas las enfermedades: la enfermedad de la vida.

Nietzsche comprendió bien esto: en tanto que Platón hace afirmar *implicite* a su maestro que se recupera de la enfermedad más larga, transforma la muerte del sabio en la protoescena de la superación del mundo y de la vida al modo de existencia filosófica. En cierta manera este Sócrates es el primer Cristo en suelo griego. Con su estilización de la despedida de Sócrates, Platón contribuyó mucho, sin duda, a dotar a la escena de un sentido de ascensión al cielo. El discípulo indócil, con ideas propias, había comprendido que sólo una nueva interpretación de la muerte conseguiría compensar la catástrofe de la vida política: por eso, en él la nueva disciplina llamada filosofía aparece desde el principio como *ars moriendi*. Reinterpreta la muerte del sabio convirtiéndola en una *epojé* universal por la que no sólo se mantiene a distancia de la ciudad que se va desmoronando, sino que toda la existencia social en sus formas convencionales está sujeta en lo sucesivo al desdén filosófico. Éste llega tan lejos que pone entre paréntesis la dependencia de los seres humanos de la vida física y concibe la existencia en carne y hueso como mera prueba o como cumplimiento obligatorio de una tarea marcada por la culpa y el destino proveniente de existencias anteriores.

La macabra distensión de la filosofía de escuela del temple natural de la vida habría quedado sin consecuencias si el platonismo –más allá de sus poderes lógicos y sus sugerencias polémicas– no hubiera conllevado un elemento seductor que se correspondía con las alteradas circunstancias del mundo. Su tendencia romántico-perdedora le procuró precisamente entre los inquietos, dotados y desorientados una atracción que una y otra vez volvería a probar su eficacia en épocas posteriores. Por ella aparece en la vida un derrotismo altanero que se presenta como el arte de vencer mediante la derrota. Dado que los prosélitos de la filosofía ya no vivían ni morían para la ciudad, sino que aspiraban a una verdad y a una justicia que están por encima de este mundo, el significado de ser mortal cambió radicalmente. La muerte de los ciudadanos ya no significaba el mayor sacrificio que los individuos están dispuestos a ofrecer a su comunidad, en caso necesario, mientras la ciudad prometa fidedignamente no olvidarlos nunca. Tras la larga guerra parecía que la muerte de los ciudadanos se deslizaba hacia lo amorfo, y de lo amorfo a lo insignificante. ¿Qué hacer cuando de la polis ya no surgía ningún Pericles que supiera aún cómo pronunciar un discurso fúnebre según las reglas del arte? ¿A qué orden aferrarse si la ciudad vencida ya no podía recordar los nombres de sus muertos, fuera porque las víctimas se hicieron demasiadas o porque la memoria civil ya no conseguía tener la fuerza necesaria para erigir monumentos realmente representativos?

Tras el desmoronamiento de la polis en un conglomerado de grupos de intereses, que ya ningún dios común lograba aunar y a los que ninguna decencia recordaba sus obligaciones, entra en liza la filosofía adscribiendo un nuevo significado subversivo a la muerte. Pasa de ser una ofrenda potencial del ciudadano a la comunidad a ser un objeto de especulación romántica, en ocasiones incluso un juguete de lascivia metafísica. Ante todo, sin embargo, la muerte entendida como regreso consciente al origen se convierte en una tarea a la que los individuos se pueden consagrar sin injerencia alguna, sin que la «sociedad», ahora sólo una coexistencia externa de seguidores individualizados de intereses, pueda entrometerse. Ésta fue la oportunidad que aprovechó a sangre fría Platón: la filosofía se hace independiente de la ciudad perjura estableciendo otro orden de memoria salvadora. El individuo despierto ya no necesita una posteridad política para pervivir en su memoria. El conocimiento se convierte en recuerdo del alma noética de sí misma y de su origen supramundano. El pensar se presenta como el vehículo para repatriarse al archivo celeste. Así, el individuo ya no busca su salvación en un lugar en el recuerdo de los descendientes. En adelante la salvación se alcanza por la reunificación anamnésica con el supramundo, comenzada en vida, concluida en la muerte. Por lo demás, la cultura suprapolítica de la memoria en la vieja Europa oscilará siempre entre su versión platónica y su versión cristiana: en virtud de la primera somos nosotros mismos quienes recordamos lo divino, en conformidad con la segunda es Dios quien se acuerda de nosotros, y en el platonismo cristiano ambos momentos del recuerdo se funden entre sí.

Platón estaba a la altura del tiempo al dar expresión a la reorientación de los sentimientos vitales desde el optimismo implacable de la era homérica, que resonó hasta la época de

Pericles, a la leve negación del mundo y de la vida; el nombre posterior de «metafísica» reflejará este cambio. Con ella comienza la era de la conciencia desgraciada. En las culturas ascéticas indias se observa un giro atmosférico análogo, aunque de todos modos un siglo largo antes. También allí se impone poco a poco un ánimo de negación, «metafísicamente» codificada, del mundo y de la vida desde que la extática positividad de las Upaniṣads más antiguas hubo de hacer sitio a las oscuras teologías de liberación kármica y a su heredero más radical, el budismo.

Siguiendo el argumento psicopolítico, la vida teórica es un producto de descomposición liberado por el desmoronamiento de la polis. De ahí surge un espíritu distendido, emancipado de la preocupación por la *politeia*, que ya no se siente relacionado con la polis en actitud de sirviente, sino que más bien trata de doblegar a la ciudad ante sus propias inclinaciones, comentándola desde arriba. El nuevo arte de la filosofía sólo necesita ya el mundo ciudadano como trasfondo para sus excursiones a lo alto y lejano[24]. Debido a la situación del mundo, a los entonces nuevos filósofos les cae como llovida del cielo una especie de *epojé* global. Al ir extinguiéndose la vida política, flamea la observadora. La política ha dejado de ser pasión y horizonte último, ahora aparece a la vista como «problema». Después de que la cosa misma se debilite, incluso haya desaparecido, entra a raudales la teoría en la oquedad abierta y la llena con demandas ideales a las que la realidad nunca puede corresponder. Desde entonces los filósofos viven en las ciudades como asilados con pasaportes extranjeros. Los

---

[24] Cfr. Peter Sloterdijk, «Die Stadt und ihr Gegenteil: Apolitologie im Umriss», en *Der ästhetische Imperativ. Schriften zur Kunst*, Peter Weibel (ed. y ep.), Hamburgo 2007, págs. 184-229.

espíritus libres hacen su entrada en el escenario del mundo. Su mera existencia implica el reproche a la realidad de no satisfacer los ideales de aquellos que se han desmarcado del día a día para defender postulados más altos. Ya en vida de Platón circula la nueva palabra-guía parapolítica de «cosmopolitismo», que proclama abiertamente que los pensantes ya no están obligados a esta o a aquella comunidad, sino que se consideran ciudadanos del universo. Su máxima reza: poder vivir en todas partes. Quien puede estar en todas partes no participa en ninguna. Se considera noble ejercer la máxima «capacidad de exilio»[25].

Nada hay tan característico del romanticismo de perdedores como la tendencia a que sus actores se atribuyan como virtud su propia incapacidad en cuestiones prácticas y proclamen su inutilidad para servicios y cargos concretos como prueba de su competencia para cualquier problema universal. Con los cosmopolitas filosofantes de la era postplatónica entra en liza el tipo de intelectual que flota libre, que hace de la necesidad de la derrota la virtud de la falta de ataduras, ampliada con el derecho de entrometerse en todo lo que atañe al ser humano. Romanticismo es soberanismo imaginario en situaciones postpolíticas. Ahora el espectador ha de ser siempre el que está por encima, mientras que los que actúan se ponen inevitablemente en ridículo. En interés del espectador en construcción se plantea la exigencia de que el poder* ceda frente a la debilidad, como lo muestra Alejandro al permitir que Diógenes le diga que ha de quitarse de en medio para dejar que le llegue el sol. La nueva antítesis entre poder y espíritu es controlada por parte del espíritu: el poder sirve en adelante sólo como

---

[25] En expresión de Odo Marquard.

* O fuerza *(Macht)*. *(N. del T.)*

una forma del espíritu eclipsado que espera ser esclarecido[26]. Algunos pensadores adoptan la profesión de orador concertista ambulante, que impresiona a un público cambiante con improvisaciones sobre grandes temas. Otros aceptan el papel de educador de príncipes: así Aristóteles, que fue durante un tiempo preceptor de Alejandro, hijo del rey de Macedonia. No pocos toman el camino de los tranquilos jardines de Epicuro. Casi todos sacan de las nuevas circunstancias la consecuencia de que hay que tomar las riendas de la vida propia, ya que no es posible cooperar en la dirección de ciudades y Estados; esto crea las condiciones para el amplio éxito del estoicismo. La preocupación por la comunidad se ha convertido en preocupación por uno mismo.

En una palabra, tan pronto como la polis ha perdido la fuerza de suscitar las más extremas ambiciones y las más íntimas disposiciones serviciales de las gentes, surge un mercado cosmopolita de teoría y ética, en el que una intelectualidad postpolítica sintoniza con las necesidades cosmovisionales de los vencidos –también se dice: de las personas privadas–. El tiempo pertenece a las tendencias que llevan en dirección al imperio y la monarquía. En otro lugar he expuesto en qué medida hay que entender el platonismo, dado que introduce a la consideración del mundo desde arriba y desde fuera, y cómo hay que entender la metafísica política de la era monárquica[27]. En esa «condición de mundo» los pensadores se interesan ante todo

---

[26] Esta figura mental occidental se derrumba sólo con la aparición de la teoría postmoderna del discurso *à la Foucault*, por la que el espíritu mismo se revela como poder eclipsado.

[27] Cfr. Peter Sloterdijk, *Esferas II: Globos*, «Cómo a través del medio puro el centro de las esferas actúa en la lejanía. Para una metafísica de la telecomunicación», págs. 581-682, Siruela, Madrid 2004].

por síntesis imperiales y rinden homenaje a los emperadores, a las totalidades y a las causas primeras.

El troquelamiento de la filosofía por el ánimo romántico de perdedores no excluye que determinados filósofos se declaren a sí mismos los legisladores auténticos. Al contrario, sólo quien ha perdido desde el punto de vista político puede colocarse a la cabeza en el filosófico. Esto sirve sobre todo para Platón, el inventor de la idea del reinado de los filósofos. De sus escritos sobre la nueva ordenación filosófica de la república se deduce cómo y por qué el pensamiento aparentemente político en situación postpolítica se evade a lo utópico; sin excluir la posterior tiranía del Bien. Es verdad que las reflexiones de Platón son plenamente «políticas» en tanto sus teoremas están calculados estratégicamente y se exponen siempre con miras a adversarios y rivales. Pero en una medida mayor, sin embargo, son impolíticos, dado que Platón proyecta a las nubes la polis en la que serían válidas sus ideas. Aristóteles, al que se alaba por su mayor realismo, lo hace mejor en este punto, pero sólo de forma irrelevante. Tampoco él argumenta ya políticamente, botaniza los fenómenos políticos. Reúne descripciones de formas de Estado como si se tratara de piedras, plantas e insectos. En sus éticas conceptualiza formas de vida des-realizadas. De forma extremadamente impolítica, Aristóteles define el *bíos theoretikós* como un *bíos xenikos*: la vida como extranjero[28].

Así comienza el búho de Minerva su vuelo sobre los escenarios de una democracia caduca. Donde antes debatían ciudadanos, ahora disertan profesores invitados; el mundo entero es una residencia para *visiting scholars*. De sí mismos

---

[28] En otro lugar la llama también *eleutheros bíos*, la «vida libre», en contraposición a una existencia «trivial», consumida por las preocupaciones cotidianas.

aseguran los doctos que son ciudadanos del mundo, convencidos de que tal expresión siempre vale una beca, o logra, al menos, un contrato de consejero en una corte principesca. La Antigüedad tardía vive, finalmente, la decadencia de la filosofía en teología. El libre romanticismo de perdedores tiene que ceder ante los imperativos funcionales de la era monárquica. Marco Aurelio y Juliano el Apóstata encarnan intentos aislados y sin consecuencias de reunir en una persona la soberanía imperial y filosófica. Los demás monarcas se interesan por sacerdotes, no por filósofos: el papel del soberano está claramente falto de dignidad durante milenio y medio. A los monarcas no les interesan discípulos, sino cortesanos. No se necesitan emperadores adicionales del pensar. El valor práctico de las «personas de espíritu» se limita en ese tiempo a hacer súbditos por dentro.

Cuando con el Renacimiento se inicia un nuevo ciclo del pensamiento investigador, que se va emancipando paso a paso de la teología, la filosofía retornante puede contar con una segunda oportunidad. Y con ella vuelve a presentarse –inevitablemente– el síndrome del romanticismo de perdedores. Es verdad que la ambición de la filosofía moderna apunta más lejos de lo que la antigua pudo soñar. En la Modernidad pasa al orden del día la superación del autodominio por el dominio del mundo[29]. El nuevo romanticismo del soberanismo del espíritu culminará en el Idealismo alemán y seguirá resplandeciendo mucho tiempo, peligrosamente, en sus productos de descomposición: de hecho, casi todo lo que fue articulado filosóficamente en los siglos XIX y XX, desde los jóvenes hegelianos al existencialismo francés, desde los socialistas tempranos

---

[29] Cfr. Peter Sloterdijk, *Du musst dein Leben ändern*, *op. cit.*, parte III: «Die Exerzitien der Modernen», págs. 493-638.

hasta la teoría crítica, se desarrolló en los invernaderos de un segundo estado de ánimo romántico-perdedor; reconocible en la conexión entre *pathos* universalista e inutilidad práctica, y en ocasiones complementado con una relación caballerosa con la violencia terrorista como medio típicamente moderno de «realización» de las ideas filosóficas.

Por otro lado, con la segunda democracia se presenta la necesidad de crear una nueva cultura burguesa del recuerdo. También los modernos comprenden pronto: sin memoria civil no hay comunidad que valga. Ahora ya no basta con confiar en que Dios se acuerde de nosotros. En la segunda democracia vuelven a solicitarse los recuerdos de los ciudadanos, que han de rememorar a los conciudadanos distinguidos. Ellos son los que crean el éter meritocrático, imprescindible para las comunidades democráticas.

Cuando en su *Diario filosófico*, en agosto de 1953, Hannah Arendt suspiraba por saber «¡qué aspecto presentaría una filosofía de la política cien años antes de Platón!»[30], expresó con ello la sospecha de la no simultaneidad de democracia y filosofía. Dado que ella consideraba el retraso del pensar filosófico como un achaque curable, se dedicó a la tarea de formular una atenta teoría de lo político, en la que las estructuras de la *vita activa* en la polis floreciente se registraran al mismo nivel que los fenómenos virulentos; con suficiente antelación a la evasión de Platón al retiro idealista y oportunamente antes de la emigración de Aristóteles a la pasión coleccionista omniextensiva. Una teoría así tendría que situar en el centro los auténticos fundamentos de la polis, tal como Arendt los entendía: el diálogo mutuo, creador de realidad, de los ciudadanos (que

---

[30] Hannah Arendt, *Denktagebuch*, 1950-1973, t. I, Ursula Ludz e Ingeborg Nordmann (eds.), Múnich/Zúrich 2002, pág. 414.

es algo completamente distinto de la desolación que en las alocuciones públicas provocan los clichés ético-discursivos), las satisfacciones de la liberalidad que aún valora al plural de los vivos, y la legitimidad inviolable de la *dóxa* (de *dokei moi*: me parece), en la que se articula el derecho de los seres humanos al punto de vista personal, en cada caso, de las cosas. Pero tampoco el paradójico intento de Hannah Arendt de suministrar *a posteriori* la teoría adecuada a aquel tiempo supo mantenerse completamente libre de mixturas románticas, puesto que recurre a aditivos sacados de doctrinas igualitarias *common sense* de origen británico y de motivos elitistas extraídos de la constitución americana[31]. Qué aspecto podría tener realmente una «filosofía política» sin anticipación utópica o retraso perdedor es algo que no queda claro hasta hoy. Ni siquiera resulta evidente que pueda existir algo así, dado que, como se ha visto, política y filosofía no son contemporáneas: no en el origen y posiblemente tampoco en ningún momento posterior. Cuando se trata de compromisos últimos hay que decidir si se concede el primer lugar a la vida política o a la teórica.

En el presente la filosofía, o lo que así se llama, sólo podría devenir política si renunciase a un puesto de preeminencia; y en ese caso ya no sería lo que quiso ser desde su gesto fundacional: la declaración de la soberanía de la vida teórica. Una filosofía abstinente ya no puede entrar en consideración como

---

[31] Elitistas porque la constitución americana definió la política como un asunto de *amateurs* acomodados que se comprometen con los asuntos públicos sin tener que vivir de la política. La idea de una aristocracia de políticos-*amateur* democráticos está en la base del concepto de «acción» *[Handeln]* de Hannah Arendt en su libro *Vita activa*, que lleva a la irritante conclusión de que no hay otros ejemplos contemporáneos para lo esencial en la existencia del ser humano como *zóon politikon*.

«pasión heroica». Así pues, «filosofía política» es hoy, *eo ipso*, *après*-filosofía; la mayoría de las veces aparece como diagnosis del tiempo pero también puede manifestarse como mejoramiento crítico, especializado en anomalías sociales con el fin de reclamar su eliminación. En general, secunda el enfoque postheroico que Richard Rorty parafraseó como «primacía de la democracia sobre la filosofía». La sociedad democrática tolera pero no admira esta «filosofía» de rango inferior. Una democracia segura de sí misma rechaza con suficiente ironía la pretensión de que se deje «fundamentar» por ella, admitiendo así su primacía. Desde este trasfondo no extraña que también la exploración de Hannah Arendt de una «filosofía de la política cien años antes de Platón» dé por resultado más un proyecto nostálgico filogriego que una teoría válida de la *res publica* realmente existente. Arendt misma era consciente de esta limitación y por eso rechazó para ella el nombre de «filósofa». Tampoco quería que se designara su especialidad como «filosofía política», sino que prefería la expresión «teoría política»[32].

[32] Como mejor podrían reproducirse las complicaciones históricas entre filosofía y política sería a través de cuatro modificaciones de la relación ama-sierva. La filosofía antigua se presentaría como una señora que quiso hacer de la política su sierva. En la era cristiana ella misma se convirtió en sierva de la teología. La filosofía moderna realizó un nuevo intento de hacerse el ama del mundo, pero sólo pudo llevar a cabo esa pretensión liberando de sí misma las ciencias, que a su vez se convirtieron en siervas del ama fáctica: la técnica. Finalmente, la filosofía pierde la batalla por el poder en toda línea (piénsese en la humillación de Heidegger por un compromiso equivocado y en la voluntaria venta rebajada de sí mismo de Sartre tomando deshonestamente partido por una dictadura bárbara). Tras su derrota, la filosofía consiente en ser la sierva, o la recepcionista, de la

El intento de comprender la génesis de la actitud teórica no se agota aludiendo a la liberación de los individuos reflexivos de preocupaciones por la polis, por más que la transformación del ciudadano en espectador relajado del teatro del mundo siga siendo importante para todo lo demás. La aparición del ser humano capaz de *epojé* puede explicarse también –en segundo lugar– por disposiciones psicológicamente relevantes en los individuos. De manera temprana –como muy tarde con Aristóteles– los protopsicólogos griegos tomaron nota de que en algunos individuos existe la tendencia a crear una distancia crónica entre ellos y su entorno. Desde el comienzo resultó dudoso si la existencia retirada contemplativa manifiesta una debilidad de la capacidad de participación en lo común o más bien la fortaleza del poder-permanecer-aparte. La patología humoral antigua explica el fenómeno mismo por el predominio de la bilis negra sobre los otros tres líquidos corporales (sangre, flema y bilis clara), por lo que a ese tipo humano se le llama «melancólico». La abundancia de bilis negra se manifiesta en una difusa debilidad participativa y en una suave desazón que lo impregna todo. El *homo theoreticus* parece que pena bajo un duelo sin objeto: no está triste por esto o lo otro, sino marcado por sentimientos de pérdida sin motivo reconocible. Siente como si al mundo le faltara algo importante. Por eso nunca estará en él realmente en casa; un estado que Lamartine en su poema fúnebre *L'Isolement* evocó así: «¿Por qué permanezco

---

democracia. Esta subalternación final caracteriza a la filosofía académica de la actualidad, y le imprime casi siempre y por doquier una conciencia infeliz, tanto por lo que respecta a su concepto universal como a su concepto escolar. Desde la traslación de la soberanía de la teoría al arte, llevada a cabo por la Modernidad, una filosofía no subalterna sólo es posible ya por una alianza con las artes.

aún sobre esta tierra de exilio?/ Entre ella y yo no hay nada en común»[33].

Ya la tradición antigua adscribió esta disposición a un determinado tipo de pensadores, por ejemplo, a Heráclito de Éfeso, a quien desde siempre se presenta bajo el cliché del filósofo llorón. De hecho, el viejo tópico *Democritus ridens, Heraclitus flens* es una prueba de qué pronto se había comenzado a relacionar las diferencias entre escuelas y sistemas de pensamiento con los contrastes entre caracteres humorales (en términos modernos: entre disposiciones fundamentales de ánimo*). Las lágrimas del melancólico conducen inevitablemente a otras ideas sobre el mundo y la vida que la risa del sanguíneo. A la doctrina clásica de los humores se superpuso más tarde la mitología de los planetas, según la cual los melancólicos son gente que coloca su vida bajo el signo de Saturno, el astro del alejamiento del mundo y de la contemplación callada. Aristóteles llegó incluso a establecer que todos los hombres excepcionales habían sido melancólicos. En ellos se reunirían agudeza intelectual y tristeza de ánimo en una síntesis creadora. Los que por naturaleza se apartan del mundo parecen predestinados a ser invadidos por visiones y súbitas ocurrencias. No pocas veces son los seres humanos perdidos del mundo quienes por el rodeo de su vida interior tónica tienen mucho que devolver al entorno del que se han apartado. Quien se inclina a una postura así se mueve en un círculo autorreforzante. Cuando el *melancholicus* se retira a su interior está dispuesto espontáneamente a realizar el tránsito del alejamiento existencial a la toma de distancia metódica.

---

[33] Alphonse de Lamartine, «L'Isolement» (1818), en la colección de poemas *Méditations poétiques* (1820): «Sur la terre d'exil pourquoi resté-je encore? / Il n'est rien de commun entre la terre et moi».

* *Grundstimmungen.* (N. del T.)

Convierte el habitual paso a un lado en un paso promotor de teoría. Ejercita la puesta entre paréntesis de sus relaciones vitales como *epojé* natural. Por ello posee una ventaja debido a su entrenamiento en actitudes que fomentan el *bíos theoretikós* y lo que supone la celebrada sentencia *sine ira et studio*. La virtud del desapasionamiento, que para las gentes sanguíneas y coléricas sólo sería alcanzable a contrapelo de su temperamento, a él le resulta de primera naturaleza.

Pocas veces se repara en cuánto debe lo que se llama alta cultura a este tipo de afligido capaz de rendimiento, en el que se manifiesta la eficaz alianza entre melancolía y fuerza emprendedora. En terminología de hoy, figuras caracterológicas de ese tipo se adscribirían rápidamente al ámbito de las estructuras esquizoides, características de personas que, hablando psicoanalíticamente, no han «acabado de nacer» del todo. Para ellas no hay nada más normal que la distancia a cualquier normalidad. Su realismo se muestra en la tendencia a moverse en los semimundos de la ensoñación. En tanto siguen su tendencia a encerrarse en cápsulas de humores y suposiciones, manifiestan de vez en cuando inspiraciones que mueven el mundo.

La aparición del ser humano capaz de *epojé* puede explicarse, además, por un tercer motivo, esta vez desde un punto de vista sociológico. Con ello dirigimos ahora nuestra atención a un cambio de agujas de trascendencia epocal. Se trata de la «diferenciación»[*] del sistema de educación, por utilizar la terminología de Luhmann, o, con Bourdieu, del establecimiento del «campo» pedagógico. Cuando uno se hace cargo de que la pedagogía proviene de impulsos laterales de la sofística –es decir, de la retórica política conflictiva en la ciudad democrática–, se entiende fácilmente por qué la génesis de la contemplación

---

[*] *Ausdifferenzierung*, diferenciación (interna, segmentaria). *(N. del T.)*

clásica fue todo lo contrario a un proceso contemplativo. Desde el comienzo la vida teórica se vio implicada en el ruidoso pugilato de los oradores por recibir encargos pedagógicos. Para comprender esa competencia —en la que habría que incluir también la no siempre justa crítica de Platón a los sofistas— es útil considerar que la *paideia* originaria tenía como presupuesto la institución helénica de la doble paternidad. En virtud de ella los padres carnales tenían que consentir en entregar a cierta edad a sus hijos a la influencia de un «guía de niños», que había de asumir el papel de padre espiritual[34]. De modo que es evidente que hay que relacionar un aspecto importante de la producción de seres humanos capaces de *epojé* con las instituciones originarias dedicadas a la orientación de los niños. Efectivamente, en las escuelas, que surgían por doquier en Grecia, con el pretexto de la *paideia*, los jóvenes eran sometidos a ejercicios completamente nuevos. Hay que hablar realmente de un amaestramiento del oído en una recepción exacta de las palabras de profesores y maestros. No obstante, el oír ya no se considera ahora como mero comienzo de la imitación, sino como primer vástago de una rutina que ha de desplegarse un día por sí misma. De este adiestramiento surge la figura del discípulo, sin cuya aparición resultaría imposible poder entender la historia de las tradiciones educativas de la alta cultura. Discípulo es quien, pensando en una independencia posterior, se somete al yugo de la dependencia espiritual; y con el peligro de no liberarse nunca de la subyugación escolar. ¿Quién podría negar que incluso en los grandes maestros de nuestra tradición siempre pervive un hálito de eterno discipulado?

---

[34] Dieter Lenzen, *Vaterschaft. Vom Patriarchat zur Alimentation*, Reinbeck bei Hamburg 1991, cap. 5: «Vom Oikosherrn zum Pädagogen: Erste Deszendenz des Vaters: das antike Griechenland», págs. 76-s.

La ejercitación de la juventud en la receptividad discipular va acompañada de una paralización de graves consecuencias de la motricidad. Aquí comienza algo que podría llamarse una sedación por el hecho de sentarse-a-los-pies-de-los-maestros: aquí surge el ser humano sedentario en el sentido escolar del término (este segundo sedentarismo no tiene nada que ver con el asentamiento de los agricultores en sus campos). Para entender este proceso en toda su singularidad habría que tener presente que es difícil que jamás haya podido haber un tipo humano que estuviera menos dispuesto a la actitud inmóvil receptiva que el joven ático. El adolescente griego hubo de elaborar todo un síndrome atlético-erótico-polimorfo de hiperactividad; y esto dos mil quinientos años antes del Rubifen. Y en él encuentra su aplicación la pedagogía con sus ejercicios de quietud. Esto se manifiesta más drásticamente en los sistemas de meditación de la antigua India, que disocian ese estar sentado e inmóvil de cualquier función comunicativa y gramatical.

Ese adiestramiento de la actitud se irá destiñendo sobre la existencia entera de los sedados; en efecto, lo que llamamos «cultura» es en buena parte un «sedante» no-químico: a la vez ayuda para poder permanecer sentado y consecuencia de la relación con el mundo en postura sedente. Este último agudizamiento de la sedación se manifiesta en el ideal estoico de la *apatheia*. Basta haber admitido que el cosmos es una escuela en la que se nos examina hasta el final; entonces el camino desde la quietud durante la clase a la quietud frente al destino no es largo.

Por lo demás, también la institución del «período escolar» ha contribuido a la producción del ser humano capaz de *epojé*, dado que la estancia en la «escuela» se entendió como liberación de los demás asuntos y obligaciones. De ahí el parentesco de sentido, comentado a menudo, de las palabras ocio, *scholé*, y centro de formación, *schola*. Se conocen desde siempre los riesgos y efectos colaterales de la liberación que trae consigo la vida de escolar. Ya en la Antigüedad aparecía una cierta bohemización en el entorno de las escuelas, que se ha mantenido hasta el día de hoy, sólo en pequeña parte por la tradición y más, desde luego, en virtud de incesantes reinvenciones.

Finalmente quiero mencionarles, como cuarto y último, un motivo mediático para el surgimiento del ser humano capaz de *epojé*. Entretanto ya se ha convertido en un lugar común que el inicio del desarrollo de la ciencia siempre ha de ser entendido también desde su conexión con la cultura escrita temprana. En nuestro contexto esto significa: el complejo de ejercicios del *bíos theoretikós* temprano siempre ha de ser pensado unido a la formación de los hábitos mentales que produjo el nuevo dominio de la realidad por medio de la escritura. Es evidente que el modo inicial de «mirar» está en parte condicionado por el modo europeo de leer. Para los europeos el mundo y el libro pronto se presentan como análogos. Esa configuración se mantendrá firme por un período de tiempo superior a los dos mil años. Sólo la pintura del Renacimiento comenzará a distenderla, cuando mundo e imagen sobre madera constituyan una nueva equivalencia; también la cartografía de la Era Moderna contribuye a la disolución de la analogía libro-mundo, en tanto impone globos y mapas como medios rectores de la cosmovisión pragmática. La analogía clásica se descompone completamente en la era de las pantallas y los teclados.

Por el contrario, el acceso de la antigua Europa al mundo de experiencia está preconfigurado por adiestramientos gramaticales; en efecto, la materia misma del mundo se formatea en esa zona de cultura escrita según letra, sílaba, línea, página, apartado y capítulo; con el resultado de que nosotros, como lectores que hojeamos tanto libros como situaciones y que concebimos las situaciones como páginas de libro, llevamos en nosotros *a priori* la disposición de observadores que guardan distancia. En aquella época, el campo y la página de libro se correspondían en la medida en que líneas y surcos se asemejan. Cicerón acuñó el concepto de «cultura» que rige hasta hoy al comparar el cultivo del alma con el de los campos; para él era evidente que el mejor modo de cuidar el campo del alma es mediante la literatura.

Los cultivos se efectúan tanto en un sitio como en otro por la esperanza de crecimiento. En consecuencia, leer es algo así como cosechar en los campos del saber. Así, al *homo legens* se le va educando, sin advertirle, en la capacidad general de *epojé*. Quien ha aprendido a mirar rollos escritos y páginas impresas ejercita ya siempre la distancia frente a lo escrito, que, a su vez, mantiene distancia con lo dicho y vivido. Hace de cosechero en la medida en que es capaz de recoger lo suyo de las parcelas del texto. Así como, según Heidegger, pensar y dar gracias[*] van juntos, lo mismo sucede con leer y recolectar. El lector profesional, el docto, el *pandit*, se convierte en el agente de una novedosa forma de concentración; sí, no sólo recolecta, sino que él mismo se transforma en una colección, en una persona colmada de saber, que va de una parte a otra entre almacenes interiores y exteriores. Se acredita como *homo humanus* en cuanto lleva a cabo su existencia como un ser que se mantiene dentro del espacio intermedio entre memoria interior y archivo exterior. Humanista es quien puede decir: soy un ser humano, nada escrito me resulta extraño.

Por suerte, no es necesario que diga más sobre todas estas cosas, que ya representan un capítulo bien elaborado de la historiografía de los medios y de la cultura. Baste recordar algunos

---

[*] *Denken und Danken.* (N. del T.)

de los trabajos más importantes del último medio siglo en este campo: obras como las de Harold A. Innis, *Empire and Communications*, Marshall McLuhan, *Die magischen Kanäle [Understanding Media]*, Walter J. Ong, *Oralität und Literalität [Orality and Literacy]*, Jack Goody, *Cultura escrita en sociedades tradicionales*, Derrick de Kerkhove, *Schrifgeburten [La civilisation vidéo-chrétienne]*, Eric A. Havelock, *Als die Muse schreiben lernte [The Muse Learns to Write]*, Alberto Manguel, *Una historia de la lectura*, Jochen Hörisch, *Gott, Geld, Medien [Dios, dinero, medios]* y, *last but not least*, las obras muy ramificadas de Jacques Derrida, Friedrich Kittler y Régis Debray. Sería miope ver en las obras citadas nada más que estudios para la fundamentación de una ciencia general de la literatura. Todas ellas en conjunto ofrecen nada menos que una antropología histórica del sujeto del ejercicio cognitivo en el mundo occidental.

Si hubiera que resumir esas referencias a las condiciones de posibilidad del ser humano capaz de teoría y *epojé* podría hacerse con la sentencia: «El observador ha aparecido». Reuniendo todos los efectos de los procesos citados, la teoría toma figura humana y vive entre nosotros. Su sinopsis arroja una imagen del teórico como hombre joven.

Su primera característica es el desenfado típico del derrotismo indirecto. Aunque pertenece a un colectivo de perdedores, vive la derrota como privilegio; podría llamarse a eso la serenidad de la vida más allá de la victoria y la derrota. Celebra el fracaso político como beneficio existencial, disfruta de la debilidad de la comunidad como de un incremento personal de libertad, ya no está uncido al carretón de la praxis y puede entregarse al deleite de la existencia contemplativa, suponiendo que el campo de las carreras extrapolíticas esté suficientemente abierto como para hacer plausible el relevo de las ambiciones políticas por aspiraciones culturales.

En segundo lugar, saca provecho de la diferenciación segmentaria de la juventud y florece en el clima especial de la provincia pedagógica. Evadido de la coacción de la polis, consigue espacios de juego para un proyecto individual de vida. Aquí aparece la idea de que hay un aprender sin límites, un estudio sin finalidad externa, una formación que tiende a sí misma en tanto que recorre el círculo de las cosas que pueden saberse. En Aristóteles se encarnó plenamente el valor intrínseco enciclopédico del saber. El pensar es un arte no aplicado y quien lo practica no se desgasta en luchas externas; el *bíos theoretikós* mantiene jóvenes a sus practicantes.

En tercer lugar, puede cultivar en su estilo de vida algo desconocido para culturas anteriores: el privilegio de la melancolía. La suspensión del sentido práctico permite la elegancia de la distancia al mundo, crea espacio para una suave desazón atmosférica generalizada. El ser humano pensante goza del endiablado regalo de esa tristeza vaga y profunda que tan a menudo acompaña al talento teórico. En ese medio surge el existencialismo del joven serio, que considera la vida como un oxímoron. Persevera en un exilio agridulce, en el que no pocas veces se incuban contrapropuestas para una remodelación completa de la vida; aquí se bifurca la vida teórica en creación artística y planificación utópica. En este contexto puede recordarse la observación de Gabriel Tarde de que el ser humano aspira a lo imposible por el rodeo de lo inútil.

Y en cuarto lugar: al instruirse, el ser humano teórico se convierte en lector en cualquier sentido de la palabra, se entrena en el europeísmo gramatical típico de la vieja Europa, se convierte en el ser humano en la colección, se ejercita en la praxis cotidiana de eso que los griegos llamaron *legein* y *antilegein*: decir y contradecir, leer y coleccionar, saber y evaluar. *Nulla dies sine linea,* ésa parece ser una divisa para dibujantes, pero también lo es de lectores y escritores. Modificando un título de Iván Illich: el *homo theoreticus* es un cosechador «en la viña de la escritura». Sabe que el espíritu sopla en la recolección. Entra a su servicio como auxiliar en la colecta contemplativa.

Considerando en retrospectiva las cuestiones genealógicas planteadas, se perfila una imagen ambivalente. En la configuración de la vida teórica realmente existente participan ascendientes nobles e innobles entrelazados entre sí de tal modo que apenas pueden desenmarañarse. Tendría que resultar obvio por qué desde el punto de vista genealógico los dos motivos citados en último lugar han de ser valorados neutralmente en el surgimiento de la capacidad de *epojé*: la diferenciación interna del subsistema escolar y la difusión de la capacidad de leer y escribir no parecen ni buenas ni malas a la luz del examen de la ascendencia. Pertenecen a las técnicas de vida de las altas culturas, a las que no hay por qué poner reparo alguno desde el punto de vista de la investigación normativa del árbol genealógico, a no ser que se quiera reavivar la adormecida disputa entre el espíritu, que vivifica, y la letra, que mata; de lo que, incluso los cristianos ortodoxos, por lo que se me alcanza, tienen pocas ganas.

Pisamos, sin embargo, el suelo de la ambigüedad en cuanto evaluamos los dos primeros factores. La liberación del *bíos theoretikós* tras la decadencia de la polis no puede entenderse, en principio, sin un añadido de resentimiento antipolítico: la antigua huida al mundo mejor de la contemplación sólo demuestra que los sujetos de la teoría se resarcieron de la derrota de su comunidad en otro campo. Tuvieron éxito en su intento de compensar las perdidas perspectivas de importancia en la polis mediante ambiciones de prestigio en ámbitos suprapolíticos. Ese cambio de terreno puede que muestre rasgos de venganza frente a una realidad decepcionante, y desde luego está inequívocamente traspasado de resentimiento frente a lo perecedero, se trate del perdido esplendor de la polis o de la labilidad de los destinos humanos en general.

La huida a la teoría, sin embargo, no puede reducirse simplemente a presuntuosos negocios de amortización. Desde los días de su aparición, el *bíos theoretikós* abre un campo de gentes eminentes, que lo fueron por derecho propio. No se trataba sólo de un modo de expresión pretencioso en boca de trepadores cuando en tiempos burgueses se hablaba de una «nobleza del espíritu». Ésta sólo sería una expresión sospechosa en el caso de que se pretendiera considerar como nobleza auténtica exclusivamente a los vástagos de oligarcas y aristócratas guerreros. Con el establecimiento institucional de la teoría –y más tarde del mundo del arte– se llega a una ampliación de la zona de aristía, que rebasa el primitivo campo de las oportunidades dinásticas, políticas y atléticas de ser el mejor. Desde entonces también la teoría posee una máxima altura por derecho exclusivamente propio. La ocupan aquellos que convencen con los mejores argumentos, las perspectivas más amplias, las exposiciones más briosas. Llevada correctamente, la vida teórica sólo ofrece un punto débil frente a los intentos de desacreditar la sospecha genealógica. Como forma expresiva del resentimiento sólo sería desenmascarable si se consiguiera reducir completamente su impulso trascendente a escapismo. Y dada la arbitrariedad del «mundo de las ideas», no puede conseguirse una clarificación definitiva de la teoría diciendo que «no es más que» una compensación de otra cosa diferente –o mejor, inalcanzable–, del mismo modo que siempre resultará imposible «desenmascarar» el número *pi* como constructo ideológico de una clase dominante.

Con ello sólo quedaría para la clarificación genealógica final del *bíos theoretikós* la hipótesis psicológica, que se haría plausible si la conexión ocasional entre contemplación y melancolía pudiera ser ampliada hasta hacer de ella una prueba del condicionamiento neurótico general del pensar. Pero todos los intentos fundamentados de interpretar patogenéticamente la «necesidad de filosofar» desde la conciencia infeliz de colectivos disgustados e individuos ansiosos de venganza nunca consiguieron alcanzar el nivel de generalizaciones válidas. Pues, por convincente que pueda ser muchas veces la referencia a disonancias existenciales en las condiciones de acceso a la teoría como argumento *ad personam* (habría que citar aquí las depresiones del joven Hegel o las patéticas tensiones de Max Weber, las desazones de Wittgenstein, así como el crónico enfurecimiento de buena parte de filósofos académicos contemporáneos contra sus iguales), no basta, sin embargo, para poner bajo sospecha toda la esfera, que, como muestra la experiencia, está poblada y colonizada por habitantes de todas las orientaciones caracterológicas posibles, entre las que no faltan tampoco las naturalezas incólumes. Si el genealogista crítico pretendiera generalizar al todo los numerosos casos aislados sospechosos (también la intoxicación de escuelas enteras y la malicia de redes coneuróticas), se haría culpable de una precipitación desde la que se escucharía la voz del resentimiento, esta vez por su parte.

Considerado el tema en conjunto, resulta el poco sorprendente diagnóstico de que la génesis del ser humano capaz de *epojé* está implícita en las vicisitudes de su cultura portadora. Por la institucionalización de la enseñanza, artes retóricas, ciencias y repúblicas de sabios se crean relaciones bajo las que la vida teórica ejercitante va a conseguir sus reclutas en las generaciones venideras. Éstos no se inscribirían en las listas de solicitantes si no pensaran que su elección había recaído en un *modus vivendi* respetable. Aunque pronto se dan cuenta de que también deambulan por allí descendientes de barracas enfermas. Pero, en resumidas cuentas, la indagación genealógica llega a un resultado aceptable, con el que los seguidores del *bíos theoretikós* deberían poder vivir. Aunque no sea verdad, como afirma Aristóteles, que todos los seres humanos aspiran «por naturaleza» al conocimiento (puesto que el filósofo se decide unilateralmente por el reconocimiento como motivo del goce por la capacidad de abrir su visión del mundo y permanece deliberadamente ciego ante los hechos que hablan en favor de la neofobia masiva de los seres humanos), para aquellos que lo hacen por motivos locales o culturales quedan suficientes razones para considerar su *modus vivendi* suficientemente respetable.

3
La muerte aparente teórica
y sus metamorfosis

Tras estas aclaraciones me puedo dedicar a reflexionar sobre la génesis o, mejor, la autoconformación del ser humano desinteresado, de la que ya comenté de forma introductoria que se había manifestado, desde el punto de vista de la historia de las ideas, como un complejo de doctrinas sobre la muerte aparente epistémica. La ascesis teórica inicial consistiría, en consecuencia, en el esfuerzo del pensador por eliminar en lo posible los aspectos de su propia existencia que impidan la teoría, allí donde las raíces de ese impedimento lleguen hasta lo profundo de la existencia «empírica». Según las manifestaciones de los clásicos, esa ascesis equivale al intento de conseguir un estado de muerte en vida.

Más arriba (ver págs. 63-ss.) he recordado la objeción de Nietzsche a las palabras de despedida de Sócrates: «Debemos un gallo a Asclepio»; ahora clarificaremos algunas implicaciones de ese dicho. En realidad Nietzsche no necesitaba poner nada en boca de su contrincante Sócrates. El sabio moribundo explica con toda claridad a los amigos que le rodean en la cárcel ateniense su tranquilidad, incluso su contento, ante la muerte próxima. Ya en ese momento aparece el motivo de la purificación, sobre el que, como hemos visto hablando de Husserl, aunque con otro matiz, se reflexiona aún en el pensamiento del siglo XX, asignándole un papel importante. Sócrates justifica ante sus amigos su provocadora disposición a la muerte con estas palabras:

> Está claro, sin que los demás lo adviertan, que todos los que se dedican rectamente a la filosofía no se ocupan de otra cosa que del morir y del estar muerto. Y, si es así, sería absurdo por su parte no tener otra mira durante toda la vida y, llegado el caso, ser renuentes frente a lo que tanto tiempo han deseado y por lo que se han esforzado[35].

La expresión «estar muerto» se refiere a la dura experiencia de una purificación de todos modos deseada:

> ¿No consiste la purificación en [...] separar lo más posible el alma del cuerpo y en acostumbrar al alma a retirarse de él por todas partes y a recogerse en sí misma y, tanto en esta vida como en la futura, a vivir lo más posible para sí sola, como liberada de las ataduras del cuerpo? [...] precisamente ése es su anhelo, la liberación y separación del alma del cuerpo; ¿o no?
> ¿No sería ridículo, pues, como dije al principio, que un ser humano se esforzara su vida entera en vivir inmediatamente cercano al estar muerto y que después se resistiera remiso a la muerte cuando realmente le llega?[36]

Para justificar la necesidad de purificación Sócrates remite a esa función de la existencia corporal que obstaculiza, por no decir impide, el conocimiento: nunca podrá conseguir su objetivo, «nuestra persecución de lo que es», mientras el alma siga soportando el mal de estar prisionera en el cuerpo.

---

[35] *Fedón* 64a.
[36] *Fedón* 67e.

[...] el cuerpo nos llena de impulsos amorosos, deseos, miedo, toda clase de ilusiones y más de una necedad, de modo que, como se dice con razón, nunca nos permite realmente recobrar el juicio[37].

En consecuencia, un conocimiento auténtico sería inimaginable sin descorporeización.

Y esto puede hacerlo, efectivamente, con la mayor pureza quien consiga al máximo abordar cada cosa sólo con el pensar, sin ayudarse para ello de los ojos ni utilizar cualquier otro sentido al reflexionar racionalmente; quien pretenda comprender cada cosa en su característica esencial única y exclusivamente con la meditación pura, prescindiendo lo más posible de los ojos y de los oídos, del cuerpo entero, digamos, porque el cuerpo confunde al alma y no le deja conseguir el verdadero conocimiento mientras convive con ella[38].

Sócrates se decide aquí, con una parcialidad sorprendente, por un concepto estrictamente intelectualizado de conocimiento, al que la intuición «sensible», por elegir esta expresión convencional, no aportaría más que estorbos, desvíos y distorsiones. Por qué Platón presenta un Sócrates que hace tales confidencias cara a la muerte sigue siendo un misterio. Por lo demás, en la imagen transmitida del sabio no hay ningún rasgo que haga probables los arrebatos de ese tipo. Mientras que tomando en conjunto los testimonios habría que caracterizar a Sócrates, en la terminología actual, como un ético que durante toda su vida debatió con sus conciudadanos cuestiones sobre la vida co-

---

[37] *Fedón* 66c.
[38] *Fedón* 66a.

rrecta, aquí aparece de repente como el defensor de un rígido ideal matemático que no sabe hacer nada mejor que aplicar al universo de las cosas disputables, tanto físicas como morales, los patrones de la geometría y la aritmética. Parece realmente que el *moriturus* en la cácel ateniense pocas horas antes de su ejecución se hubiera transformado de un buscador escéptico de la justicia en un físico estrecho de miras, obedeciendo además a una metafísica dogmática: un físico que concibe todas las cosas según el modelo de las partículas sólidas aislables, con el fin de reducirlas a las cualidades primarias de figura, número, tamaño, situación, reposo y movimiento, mientras todas las informaciones proporcionadas por los «sentidos» sobre la constitución de los objetos y circunstancias, y en particular todas las magnitudes inmersoras como sentimientos, impresiones, estados de ánimo y atmósferas, han de dejarse de lado como quimeras enojosas; un metafísico al que de un día a otro nada le parece más seguro que el hecho de que el alma pensante existe independientemente del cuerpo sensible y que, tras su separación, está llamada a una existencia separada, y esto con mayor perspectiva de éxito cuanto más se haya esforzado antes por disolver las ataduras con su portador físico. De ahí la exigencia de que el ser humano de la teoría haya de vivir de tal modo que se acerque todo lo posible al estar muerto. Sólo el que, en este sentido, ha muerto de antemano en sí mismo, en su cuerpo y en su entorno, el muerto aparente bien camuflado, sería capaz de poner entre paréntesis todas sus mociones carnales y todas las «tomas de postura» de su subjetividad física, y de conseguir, mientras vive aún en el cuerpo, conocimientos sólidos, como si ya estuviera liberado para una contemplación «más allá» y desinteresada; y contemplación significa aquí intuir prototipos geométricos (por ejemplo, los poliedros) y meditar significados trascendentes (por ejemplo, la idea de justicia).

Puede juzgarse como se quiera este golpe de Platón: como desarrollo de planteamientos que habían permanecido latentes en Sócrates, o como ficción impertinente sobre un abismo de falta de lealtad e histeria, en la que el discípulo hace decir cosas a su maestro que éste se hubiera negado a manifestar: no puede negarse que la estilización platónica de la vida sensata como anticipación teórica de la bella muerte había de conllevar tremendas consecuencias. Tremendo es lo que crea monstruos y hace época: ambas cosas pueden afirmarse de los efectos que provienen de los pasajes del *Fedón* que se acaban de citar. Si *summa summarum* se puede describir el transcurso de la historia europea del espíritu hasta el umbral del siglo XX como una procesión de aparentes muertos imaginarios, que se adscribieron a la vida teórica, de forma monástica y laica, profesoral y civil, ética y estética, esto demuestra entonces la inmensa capacidad de sugerencia de la doctrina platónica de la posibilidad de anticipar el estado en el que el alma pensante se «desinteresa», «mortifica» y «separa».

¿Es necesario todavía acentuar lo fatal que había de devenir la artificiosidad del conocimiento producida por el idealismo reduccionista de la vieja Academia para la historia de la racionalidad de la cultura occidental? El logos de Occidente estaba condenado de antemano por las predeterminaciones griegas a un patético empobrecimiento de todas las relaciones con el mundo, y tanto el pensamiento científico como el filosófico siguen hasta hoy en la sombra de esa fatalidad, mientras en la literatura narrativa, en la poesía, en las artes, en el lenguaje corriente, en los proverbios, en los mitos y en los conceptos de un espíritu común de las «religiones» perviven formas de un saber del mundo más rico (aunque menos «operativo»). Pertenece a las ironías de nuestra civilización intelectual el que desde hace un tiempo –como máximo desde la muerte de Hegel– tuviera que invertir gran parte de su energía en la tarea de corregir las parcialidades, artificiosidades, reducciones, distorsiones, extravagancias y obcecaciones que ella misma había creado a consecuencia de sus desatinos originarios. Igual que se habla de enfermedades yatrógenas se puede hablar de confusiones cienciógenas, incluso filosofógenas; y el pensar filosófico, en el mejor sentido de la palabra, como varias cosas insinúan, sólo se produce hoy en lugares en los que se pasa por alto la filosofía de especialidad o de escuela, como si se tratara de una enfermedad superada.

Sea dicho en este momento que, si he sacado a relucir la metafísica del alma de Platón, es ante todo por motivos didácticos o ilustrativos. La preceden mitos y místicas en los que la muerte se ensalza convirtiéndola en una pantomima cargada de significado: por ejemplo, la leyenda del salto de Empédocles al cráter ardiente del Etna, o la de la muerte de Heráclito, que parece ser que al final de su vida se cubrió de boñigas y se prendió fuego. La afición filosófica al fuego tiene una historia que se retrotrae hasta muy adentro del primer milenio antes de Cristo y que tampoco en nuestros días ha terminado. En todo este lapso de tiempo el discurso mismo de la muerte en llamas se manifestó como un juego con el fuego: las sublimes metáforas de la quema y la transformación provocan recaídas ocasionales en ese literalismo que en nuestros días se califica de «fundamentalista». Precisamente porque la recaída nunca queda excluida del todo, en el impulso a la transferencia espiritualizante reside un ánimo civilizatorio. El propio Goethe parece que encontró gusto en ese elevado juego cuando en su poema *Selige Sehnsucht* encomió la vida que «anhela la muerte en llamas». El esoterismo del diván se sabía emparentado con los secretos inconfesables de la gran teoría: anhelo de muerte es la cifra del deseo de una vida superior; pero deja abierto si una vida así, que mereciera el predicado de «superior», podría pensarse no exclusivamente como una vida acuartelada en cuerpos mortales.

Tras esta referencia a la fuente del tema de la muerte aparente permítanme que me contente en lo que sigue con algunas notas ejemplares a pie de página sobre las etapas de su desarrollo en la tradición de la vieja Europa; lo que sobrepasara ese límite rompería aquí los marcos establecidos.

Como primer testigo de las metamorfosis del motivo de la muerte aparente en la tradición postgriega convocaré a Marco Tulio Cicerón, el autor de las *Disputaciones tusculanas*. Es significativo que Cicerón, trescientos cincuenta años después de la fundación de la Academia por Platón, en su intento de introducir la filosofía entre los romanos, inmunes hasta entonces a la teoría, asimilase con pertinencia aquellos discursos legendarios de las figuras fundacionales griegas. Así, en el otoño del año 45 a. C. –en el momento álgido de la autocracia de César y a la vista de su forzado alejamiento de la política, recién sucedido–, evoca a Pitágoras recuperando una alegoría suya con la que demostrar la noble vocación de los contemplativos, ya se trate de eremitas voluntarios o de marginados involuntarios. A la pregunta de un sorprendido príncipe de provincia: «¿Qué es un filósofo?». Pitágoras responde,

> que la vida del ser humano le parece ser como aquel mercado que se acostumbra a celebrar en medio de toda la brillantez de los juegos y en presencia de toda Grecia. Pues igual que allí unos, los de cuerpos entrenados, aspiraban al honor y la gloria de una corona, otros acudían atraídos por la esperanza de ganancias y lucro por la compraventa; y había un grupo especial, finalmente, que era el más noble y que no ansiaba

ni aplauso ni ganancia, sino que había venido simplemente para ver y observaba atentamente lo que sucedía y cómo también nosotros, por decirlo así, hemos venido de una ciudad a un mercado concurrido cualquiera, es decir, a esta vida desde otra vida y otra naturaleza, y cómo ahora unos sirven a la fama y otros al dinero. Pero que había unos pocos que desdeñaban todo lo demás y observaban atentamente la naturaleza de las cosas. Éstos son los que se llaman amantes de la verdad, filósofos precisamente. E igual que lo más noble es el contemplar sin desear nada para sí, también en la vida la observación y el conocimiento de las cosas está muy por encima de todas las demás ocupaciones[39].

No se puede por menos de citar esta conocida alegoría de Olimpia cuando se trata de aclarar cómo la metafísica helénico-semioriental de Platón de la muerte aparente fue trasplantada al Occidente latino. Todos los estereotipos que conciernen al *bíos theoretikós* se agolpan al máximo en este fragmento: primero, la triple división de la humanidad en buscadores de honor (timóticos o políticos), buscadores de dinero (eróticos o crematísticos) y buscadores de verdad (teóricos o filósofos); acto seguido, la elevación del tercer tipo humano a la nobleza ontológica; y finalmente, la motivación de los tres tipos por la transmigración de las almas, ya que se dice de ellos *expressis verbis* que han «venido» a esta vida desde otra. Además, puede deducirse de eso que también el mundo antiguo mediterráneo fue sensible durante mucho tiempo al atractivo de la ética oriental de la reencarnación, que ofrece siempre a los mortales una segunda o tercera, si no incluso una centésima o milésima,

---

[39] Marco Tulio Cicerón, *Gespräche in Tusculum*, Stuttgart 1985, pág. 168 [*Disputaciones tusculanas*, Gredos, Madrid 2005].

oportunidad, dado que los coloca en la perspectiva de largas migraciones por numerosas vidas terrenas. Sólo medio milenio después se impuso definitivamente en el hemisferio occidental el dogma metafísico de la vida única y la muerte única, con la consecuencia de que hay que concentrar en una sola vida todas las decisiones moralmente esenciales; por lo que, en lugar de la inquietud épica por la reencarnación, apareció el miedo dramático a la muerte (como factor básico, por lo demás, de lo que se llama «teología política», que con mayor atingencia habría de llamarse gestión imperial del miedo a la muerte).

En su calidad de importador de filosofía, Cicerón estaba previamente tan entusiasmado con las ventajas de la vida contemplativa de estilo griego que hizo oídos sordos intencionadamente al mensaje autosaboteador de la alegoría de Olimpia: como todo el mundo sabe, en competiciones deportivas son prácticamente siempre los espectadores los que constituyen con creces el mayor grupo, y sólo quien nunca hubiera estado en un *stadion* griego, no digamos en una arena romana, podría afirmar precisamente de ellos que representaban la fracción noble. Así pues, algo es evidente: la alegoría tenía que servir de vehículo para una sugerencia cuya plausibilidad emanaba de fuentes conscientemente silenciadas. En realidad lo que le importaba al autor era darse ánimo a sí mismo para la vida teórica, después de que en el escenario práctico de su tiempo ya no quedara sitio para gentes como él. Cicerón hubo de ser el primero en darse cuenta de que la propia Roma se había vuelto madura para la filosofía. También allí se iban a necesitar de inmediato ideologías elevadas para la vida privada meditativa. Tampoco cambió nada el curso de las cosas el hecho de que el destinatario de las *Tusculanas* elegido por Cicerón, Marco Bruto, constituyera en ese momento la cabeza del grupo de conjurados que sólo pocos meses después de la redacción de este documento fundacional de la «filosofía romana» dejarían tendido en el suelo con veintitrés puñaladas al autócrata César en la curia de Pompeyo: el tirón hacia la forma monárquica de mundo no se podía detener. En cuanto se impuso el centralismo cesarista marginó a los portadores del viejo ánimo de la *res publica* y los convirtió en meros observadores del espectáculo imperial. También en Roma llegó a su fin la era «política» en el momento en que sus ciudadanos tuvieron motivos para sentirse vencidos por su propio Estado. Desde entonces, incluso los romanos, considerablemente resistentes a la teoría, no pueden prescindir de un cierto grado de cultivo contemplativo. En su retiro tusculano Cicerón mostró ser el hombre apropiado para preparar a los ciudadanos de su país, enfrentados a su derrocamiento, para las ventajas de la *vita contemplativa*. El giro a la existencia contemplativa bien merecía un fallo de pensamiento: a Cicerón no le dolieron prendas para proporcionar a los futuros espectadores romanos un nimbo excelso, haciendo, con Pitágoras, de los muchos en el estadio los pocos en el estudio. Por la aristocratización de la contemplación aparece ahora, incluso en el áspero suelo romano, el noble fantasma del observador total, desinteresado de lo sensible. También en la esfera latina, más bien conocida, por lo demás, por sus sólidos reflejos, pululan ahora los aparentes muertos reflexionantes que han emigrado de otra vida a ésta. Se los encontrará a cada paso en la cultura occidental de la racionalidad durante los dos milenos siguientes. Dan a los observadores que hay en el interior de la cultura de actores de la vieja Europa la seguridad de que el sol de la conciencia brilla igualmente sobre los actos mejores y sobre los peores.

Salto la Edad Media cristiana, que articuló su interés en la muerte aparente como aspiración a la santidad en vida, y elijo como ejemplo próximo uno de finales del siglo XVI. Se trata de un *passus* del tratado de Giordano Bruno *Degli eroici furori* [*De los heroicos furores*], que fue compuesto hacia mediados de los años ochenta durante la estancia del autor en Inglaterra y que apareció en 1585 con un lugar de impresión ficticio: París, dos años antes de la publicación del libro popular alemán *Historia und Geschicht Doctor Johanni Fausti* [*Historia del doctor Johann Fausto*]. Ese tratado muestra cómo el pensar de la Era Moderna incipiente se apropia del esquema clásico de la muerte aparente con un espíritu de dinamización subversiva. No sólo libera a la contemplación de la sospecha de huida monacal del mundo y de insipidez intelectualista, sino que carga además la vida contemplativa de energías entusiásticas o, como dice Bruno, «heroicas», sin que pueda decirse que hiciera la apología de esa gente de acción que había celebrado su salida a escena en la época de los *condottieri*. Bruno elogia los entusiasmos que penetran en tromba en los despojos mortales del muerto aparente, artísticamente dotado, para llenarlo de una vida rebosante de ideas. Significativo de esa carga dinámica de la muerte espiritual es ante todo su reinterpretación del mito del cazador Acteón transmitido por Ovidio y otros autores: durante una excursión por el bosque el joven sorprendió un día a la diosa Diana bañándose desnuda, por lo que la inmortal, airada, le roció con agua y le convirtió en un venado, y sus propios perros lo despedazaron de inmediato[40]. En la tradición neoplatónica se sacaba de esta historia la conclusión de que el error del entendimiento profano consiste en admirarse de las cosas divinas contemplándolas bajo la forma de objetividad externa. Es decir, quien capta correctamente las altas verdades se transforma él mismo en lo captado. Deja de ser ese simple sujeto que está ahí, que era en su existencia no iluminada. Muere como persona

---

[40] Ovidio, *Metamorfosis*, III, 131-252.

profana y pervive como ganador feliz en el cambio que hace de la existencia trivial por la vida del espíritu que hay en él. Bruno comenta este proceso como sigue:

> Así Acteón, con sus pensamientos, con los canes que buscaban fuera de sí el bien, la sabiduría, la belleza, la fiera montaraz, la alcanzó, y, una vez en su presencia, arrebatado, fuera de sí ante tanta hermosura, vuélvese presa, conviértese en aquello que buscaba, y advierte que de sus perros, de sus propios pensamientos, él mismo se convierte en la anhelada caza, porque teniendo contraída dentro de sí a la divinidad, no era ya necesario buscarla fuera. [...] De ser un hombre vulgar y común vuélvese raro y heroico, adopta costumbres y conceptos raros, y lleva una vida extraordinaria. [...]
> Pues en todas las otras especies de venatoria [...] el cazador captura para sí las otras cosas, [...] pero en la venatoria divina y universal hace hasta tal punto presa que él mismo queda necesariamente comprendido, absorbido, unido [...].
> El furioso se jacta de ser presa de Diana, a la que se rindió, de la que se estima bienamado esposo, cautivo tan dichoso bajo el yugo que no tiene razón para envidiar a ningún hombre[41].

No se ha prestado suficiente atención en las más conocidas historias de las ideas de la Era Moderna a cómo precisamente en esa época, que se asocia con el ascenso de la burguesía, los sujetos del proceso de la teoría intentaron anexionarse a una aristocracia artificial, identificada por el entusiasmo, de la que hoy no quedan sino las ruinas del culto al genio. Se ha olvi-

---

[41] Giordano Bruno, *Heroische Leidenschaften und individuelles Leben*, Ernesto Grassi (ed.), Hamburgo 1957, págs. 74-76 [*Expulsión de la bestia triunfante/ De los heroicos furores*, Ignacio Gómez de Liaño (ed.), Siruela, Madrid 2011].

dado, o nunca se ha considerado, que la genialidad actuó en el Renacimiento como el sustituto neopagano de la santidad cristiana; aunque ambas, a su vez, tanto santidad como genialidad, fueron reinterpretaciones de época del antiguo concepto de muerte aparente: tanto en una como en otra el individuo tenía que deponer su yo profano mortal para cambiarlo por otro anímico-mental indestructible. Esta permuta introduce al ser humano medieval en la comunidad de los santos; en el caso de los individuos de la Edad Moderna temprana se asemeja a una entrada en la alta nobleza del «furor». La orientación activista del Renacimiento se hizo patente en la teoría de Bruno de los accesos heroicos debidos al cambio de acento que, de estar situado en el abismamiento meditativo, pasó a situarse en el impulso creador. La imagen del cazador despedazado ilustra el riesgo que conlleva la pasión de una existencia colmada de espíritu. En lugar de la antigua serenidad de alma aparece la fascinación mediatizada por las acciones y pasiones de las ideas.

El punto culminante de la cultura moderna del entusiasmo se alcanza en la obra de Johann Gottlieb Fichte. Así como el mito de Acteón de Bruno ofreció a la clase creativa ascendente del siglo XVI una muerte aparente dinamizada, Fichte puso en circulación entre la burguesía de comienzos del siglo XIX un diseño de muerte aparente completamente nuevo, enteramente reformulado en dirección al ataque y a la iniciativa. Cuando la nueva clase se dispuso a superar la entrega antigua y medieval al decurso del mundo y hacer sitio en su lugar a la pasión moderna por la configuración del mundo, incluso por la dirección consciente del curso de la historia, pudo contar para ello con la simpatía sin reservas del filósofo. Pero, para los llamados a la acción, todo ello no había de quedarse meramente en un confuso hacer planes, en un semiclaro hacer negocios y en un pretencioso hacer Estados. La intuición trascendental de Fichte fue que había que implantar un ojo moral en las desatadas ambiciones de los modernos: sólo ese ojo conseguiría deparar a los bríos del querer-cambiar-todo un sentido direccional indefectible, anclado en el imperativo autoevidente del bien.

En un propósito de tan altas pretensiones no podía faltar el recurso a la tradición de los ejercicios platónicos de muerte aparente. También en este caso el camino misterioso conduce hacia dentro: introduce en la autoobservación del pensar e incentiva la retirada del sujeto de su habitual pérdida de sí mismo. Como expone Fichte con demostraciones penetrantes, esta pérdida de sí mismo se sigue de la entrega inconsciente (aquí aparece por primera vez, y con relieve sistemático, este término de tanta trascendencia para la cultura moderna de la reflexión) del pensar a las representaciones de las cosas externas. Por consiguiente, también esta vez el ejercicio de todos los ejercicios consiste en un movimiento de distanciamiento de tipo *epojé*. En la atención constante del pensar a su propio obrar se anula su fatal enajenación inconsciente en magnitudes aparentemente independientes de él, se disuelve la creencia en el primado del mundo exterior, se examinan cuidadosamente todas las maniobras del pensarse a sí mismo determinado por lo externo, se impiden reiteradamente todas las recaídas en creencias supersticiosas en objetos independientes, hasta que quedan eliminados los últimos residuos del olvido de sí de la conciencia. Aquí se presenta el idealismo como un ejercicio puro del espíritu de volverse atento a su operar propio. Cuando el pensar se ha desprendido de todo objetivismo y ha abjurado de toda creencia fetichista en un ser autónomo, precedente, entra, según Fichte, en una zona de libertad absoluta. En ella se va apagando el yo hasta entonces vencido por el mundo y se va sustituyendo por una vivacidad de tipo «endógeno», incondicionada, esclarecida por la conciencia. Desde ese momento, el así iniciado se convierte en un funcionario puro de lo absoluto. Se entiende a sí mismo como un rayo que, proveniente de lo divino presente en todo yo, incide en el mundo fenoménico. Se entiende a sí mismo como un agente plenipotenciario de la idea y vive sobre la tierra como un muerto aparente colmado de las más altas motivaciones.

Nueva en esta salida a escena es la radicalidad de la reorientación de la contemplación en ofensiva. Fichte ilustra el *modus vivendi* encarecido por él, a la vez extinto y superviviente, con el ejemplo del «regente», que el filósofo se imagina como un soberano esclarecido por la doctrina de la ciencia. En la octava lección de Erlangen, *Über das Wesen des Gelehrten und seine Erscheinung im Gebiete der Freiheit [Sobre la esencia del sabio y su manifestación en el campo de la libertad]*, del semestre de verano de 1805, se dice de él:

> [El regente] se reconoce como uno de los primeros y más inmediatos servidores de la divinidad, como una de las extremidades corporalmente existentes por las que ella interviene directamente en la realidad [...]. Nunca quiere simplemente que algo suceda, sino que suceda lo que quiere la idea. Mientras ésta calle para él, él calla también, porque sólo para ella tiene él el lenguaje [...]. De este modo, la idea le toma y le traspasa por entero, plenamente y sin reserva, y no queda nada de su persona ni de su historia personal que no siga ardiendo en ella como una víctima perenne. Y así, él es, pues, la manifestación más inmediata de Dios en el mundo[42].

---

[42] *Fichtes Werke*, Berlín 1971, vol. VIII, págs. 81-ss.

Parece legítimo presumir que con ese boceto Fichte dibujó un autorretrato indirecto; demasiado claras son las analogías entre un regente político abnegado al frente de la comunidad y un regente lógico ante un auditorio entusiasmado. Aquí nos topamos con una forma de reflexión de lo que posteriormente se ha llamado fundamentalismo, en tanto que con esa expresión se designa un proceder que emana de un mandato supuestamente divino; con el matiz de que los profesos habituales de fundamentalismo se inclinan, presurosos, ante autoridades voluntariamente sobreelevadas, sean escritos sagrados o guías espirituales. El proceder ficheano quiere generarse, por el contrario, de modo completamente endógeno, a partir de evidencias del pensador, injustificables de otro modo.

De esta filosofía ya no sale ninguna invitación a la vida contemplativa: lo que emite son llamamientos a filas para la guerra santa por una configuración racional del mundo. Como muertos anticipados, los participantes en la campaña de la moralidad (que en Fichte, a diferencia de lo que ocurre en Marx, continúa, sin la idea de triunfo final, en un futuro abierto a cualquier época) no tienen nada que temer respecto a su propia persona. En el escrito sobre la *Bestimmung des Menschen* *[Determinación del ser humano]* de 1800 se muestra cómo el ser humano habla desde ellos tan pronto como ellos consiguen irrumpir en el reino del espíritu:

> Los lazos por los que hasta ahora mi ánimo estaba unido a este mundo [...] se han cortado para siempre, y yo he quedado libre, e incluso mi propio mundo, tranquilo e inmóvil [...]. El final cierto de todo dolor y de toda sensibilidad al dolor es la muerte; y, entre todo lo que el ser humano natural acostumbra a considerar un mal, para mí ella es el menor. No moriré en absoluto para *mí*, sino sólo para los *otros*: para los que quedan,

de cuya comunidad seré separado; para mí mismo la hora de la muerte es la hora del nacimiento a una nueva vida más grata[43].

El superhombre de Fichte es un supermuerto, que estaría más vivo que cualquier vivo normal. En efecto, la relación entre los vivos y los muertos aparentes se invierte: los no-idealistas son propiamente los muertos que se arrastran por el mundo en su envoltorio biológico, mientras que los que han despertado a un idealismo real constituyen los verdaderos vivos. Según el testimonio de su hijo, las últimas palabras comprensibles que Fichte dijo antes de su muerte, a finales de enero de 1814, fueron: «Siento que estoy curado». Sin utilizar la expresión, Fichte camina cada vez más decididamente en sus últimos escritos hacia una angelización del saber. Con su tesis: «No necesitamos soporte alguno del saber, es lo mismo [...] considerarlo soportándose a sí mismo»[44], corta el lazo entre el ser humano empírico y el saber de lo absoluto que debe generarse en él. El ser humano es sólo un medio de acceso al ángel en que puede convertirse si se pone a la obra. La voluntad esclarecida por el saber acepta el mundo nada más que como material para una mejora sin límites.

Quien piense, por el contrario, que el saber es «un *accidens* de un ser humano, cualquiera que sea quien lo tenga»[45], permanece incapaz de concebir siquiera un pensamiento filosófico, pues pensar filosóficamente significa para Fichte superar todos los presupuestos dogmáticos de la conciencia. En consecuencia, se trata de incluir también, en la superación del «ser

---

[43] *Fichtes Werke, op. cit.*, vol. II, págs. 311 y 315.

[44] *Fichtes Werke, Die Thatsachen des Bewusstseins*, 1810, en *Fichtes Werke, op. cit.*, vol. II, pág. 688.

[45] *Ibidem*, pág. 289.

humano», una presuposición tan obstinadamente defendida tanto por no-filósofos como por malos filósofos. Nada sabemos del llamado ser humano mientras nada sepamos del saber. Tampoco se consigue nada por el hecho de que los seres humanos se reconozcan rápidamente como iguales entre sí, pues con ello no se llega más que a alianzas entre ignorantes, que se celebran como «diálogo». La huida a la «intersubjetividad» no conduce más que a la confusión común.

En dos líneas Fichte sermoneó anticipadamente a una gran parte de la filosofía del siglo XX. Ponderó el consensualismo y le resultó filosóficamente demasiado liviano. Desde su perspectiva, de lo que se trataría es de que cada uno de los individuos se abriera a esa libertad no condicionada a la planicie, casi angélica; sólo después podrían tomarse en consideración cooperaciones entre entusiasmos paralelos. «Intersubjetividad» es una ilusión para la semi-inteligencia; sí se podría hablar, sin embargo, de relaciones inter-iluminadas. No es el ser humano quien tiene el saber, sino, como es voluntad Dios, es el saber el que tiene al ser humano. Pienso que resulta innecesario explicar por qué ese diseño de la muerte cognitiva aparente para gentes de la era burguesa no tuvo seguimiento alguno digno de mención ni en el siglo XIX ni en el XX[46].

Finalmente, quiero tratar la remodelación esteticista de las tradiciones paleoeuropeas referentes al esquema cognitivo de muerte aparente en Paul Valéry, que muchos conocedores de la historia de la literatura consideran el más grande poeta francés

---

[46] La única excepción, la escuela muniquesa de Fichte constituida en torno a Reinhard Lauth (1919-2007), se quedó en un enclave perdido, vanguardista-reaccionario. De la evolución posterior islamófila del Prof. Lauth es posible deducir cómo el fichteanismo puede transformarse en yihadismo.

del siglo XX. En torno a 1894, entonces con 23 años, Valéry, durante su estancia en Montpellier, había comenzado a recopilar ideas para una figura artística que reuniera en sí todas las características de una existencia completamente intelectualizada. La audaz figura asumió el nombre de *Monsieur Teste*, que tanto podría significar «cabeza» como «testigo». Sirvió al autor de personaje de prueba para el experimento de una existencia consagrada a la claridad. Claridad es una máxima antivital que apunta a la contención de la vida por el espíritu y que produce, así, una elevación de la vida. El muñeco intelectual de Valéry era, por decirlo así, el prototipo de todos los hombres sin cualidades, realmente existentes, que visitaron el siglo XX: desde Robert Musil hasta Max Bense pasando por Fernando Pessoa. Desde ese mismo año en que el autor emprendió sus experimentos con la figura de Monsieur Teste fue desarrollando también la costumbre de un autoanálisis permanente cuyas huellas literarias inauguraron el género del diario intelectual. Sus *Cahiers*, resultado de una meditación matutina en forma escrita, seguida durante más de cincuenta años, constituyen sin duda el testimonio más intenso que conoce el siglo XX de una existencia intelectual vivida en ejercicio constante: en la edición facsímil en 19 volúmenes del Centre National de la Recherche Scientifique, 1957-1961, abarcan más de 26.000 páginas[47]. Unas tres mil de ellas aparecen en la versión preparada por el propio Valéry, agrupada según «temas» o conceptos focales[48].

Monsieur Teste encarna una figura literaria en la que el platonismo configura una síntesis completa con el dandismo.

---

[47] El apéndice al volumen I de la edición de los *Cahiers* en la Bibliothèque de la Pléiade (París 1973, págs. 1374-1415) ofrece una devota relación de los 261 cuadernos que Valéry llenó con sus notas entre 1894 y 1945.

[48] 2 vols., París 1973, 1974.

Se acerca uno al máximo de su esencia o, mejor, de su diseño, si se imagina cómo hubiera descrito Edgar Allan Poe la figura de Sócrates en caso de que hubiera gozado del privilegio de presenciar la escena de la muerte del filósofo. De su pluma habría surgido un monstruo en el límite entre muerte y vida; y esta vez no al modo de una escalofriante narración mesmérica, como *El caso del señor Valdemar*, sino dentro de un espíritu de destreza lógica. En esa novela de filosofía experimental todo se movería en torno a la toma en serio de la primacía de la teoría frente a la vida y de la separación del alma pensante de su portador biológico. El Sócrates de Poe superaría al de Platón sobre todo en un punto: el sabio no habría esperado al día de su ajusticiamiento para proclamar sus manifestaciones en torno a la separación del intelecto de la vida corporal. No habría esperado hasta la ancianidad para descubrir el secreto de su *modus vivendi*. Habría hecho del descubrimiento del principio contra-vital del espíritu un asunto de juventud y de las mejores fuerzas. Lo hubiera fiado todo a que surgieran monstruos viriles como testigos de una priorización no-mórbida del sentido de posibilidad sobre el sentido de realidad. Se trataría de atletas de la reserva frente a la vida, decididos a resistir a la tentación de la autorrealización.

Exactamente esto es lo que se materializó en los ejercicios literarios del joven Paul Valéry. En la figura de Monsieur Teste el observador interior fue construido con tal fuerza que la existencia propia ya no había de servirle más que como material de partida para una implacable producción de teoría. Teste es el hombre que ha roto formalmente con el *prius* de la vida; no como tullido teórico en un espacio indulgente de contratos académicos de larga duración, sino como atleta lógico que no se oculta de nadie pero a quien sólo notan quienes presienten su *raison d'être*. Existe como jefe de taller de una Bauhaus virtual de las ideas. Su radio de acción es el punto de intersección entre exactitud y alma. En caso de emprender una profesión práctica, ésta sólo podría estar emplazada en un centro de arte y metapsicología. Se entiende a sí mismo exclusivamente como un punto variable en el juego de las curvas de posibilidad. Por eso se dice de él: «Vive en el interior más general»[49], su albergue es un lugar «limpio y banal»[50]. Adecentado o no, siempre le ha servido de mero receptáculo de un experimento lógico. En él no hay nada que recuerde un habitáculo, en caso de que habitar signifique permitir que surja un vínculo entre espacio y habitante. Más inquietante es el hecho de que en Teste no existe ningún lazo de unión consigo mismo ni con su historia vital: nada que pudiera remitir a una «personalidad» en el sentido más común de la palabra. Por eso puede anotar el narrador de *La velada con Monsieur Teste*: «Monsieur Teste no tiene opiniones. Creo que era capaz de alterarse a voluntad...»[51]. «Si hablaba nunca levantaba el brazo, ni siquiera un dedo. *Había matado la marioneta*. Nunca sonreía, no decía ni buenos días ni buenas tardes; parecía que nunca oía el "¿Cómo está usted?"»[52]. En los *Cahiers*, en torno a 1906, se encuentra algo semejante a esto: «Sabe demasiado para vivir»[53].

En una palabra, Monsieur Teste es el intelecto que no cae en la trampa de la autorrealización. Declina convertirse en un «carácter», su única voluntad real consiste en la exigencia de

---

[49] Paul Valéry, *Werke*, Frankfurter Ausgabe, I: *Dichtung und Prosa*, Fráncfort del Meno y Leipzig 1992, pág. 315 [*Monsieur Teste*, La Balsa de la Medusa, Visor, Madrid 1999].

[50] *Ibidem*.

[51] *Ibidem*, pág. 310.

[52] *Ibidem*, pág. 308.

[53] Paul Valéry, *Cahiers*, cuaderno 6, Fráncfort del Meno 1993, pág. 558.

mantenerse en la forma más intensa de posibilidad. Se niega, en consecuencia, a ser alguien «extraordinario»: «Odio todo lo extraordinario. Eso es una necesidad de los espíritus débiles»[54]. Sabe que cualquier culto al genio se basa en el cómodo doblegarse ante la inteligencia vista desde fuera. La inteligencia real es operativa, vive cooperando al desarrollo de una inteligencia análoga en ejercicio. Acepta exclusivamente la pregunta formulada en el espíritu de Spinoza: «¿De qué es capaz un ser humano? ¡De qué es capaz un ser humano...!». Y añade casi socráticamente, dirigiéndose a un visitante: «¡Usted conoce a un ser humano que sabe que no sabe lo que dice!». Un no-saber así no puede remitirse a la simple autocontradicción ante la que fracasa el trivial «sé que no sé nada» socrático. El no-saber de Monsieur Teste es la discreta señal de advertencia de una disciplina que exige saber todas las implicaciones ocultas de todo lo que se sabe. Ante esa exigencia, que tiende al infinito, fracasan sin excepción los conocimientos positivos y las evidencias locales. Por eso el saber de tipo «monsieur-Teste» ha roto con la ilusión del carácter definitivo del conocimiento. En su esfera rige la ley: «Pensar es un tachar incesante»[55]. Como en todas las culturas de la vida en ejercicio también en la intelectual sólo cuenta la forma actual. Haber pensado es una cosa, volver a pensar ahora es otra; y esta otra, siempre diferente de nuevo, es la única que importa.

Por medio de su *dummy* lógico llamado Monsieur Teste, Valéry demuestra cómo el intelectual, el atleta, el muerto aparente y el ángel se funden en uno. Por lo demás, tal monstruo de «ser humano de la posibilidad» puede estar casado sin caer en contradicción con sus principios: vive en un meta-celibato

---

[54] Paul Valéry, *Werke, op. cit.*, pág. 315.
[55] Paul Valéry, *Cahiers*, cuaderno 6, *op. cit.*, pág. 551.

al que no afectan las realidades del matrimonio. Valéry pone en boca de la esposa virtual de ese hombre-modelo algunas de las frases más representativas sobre el modo de ser de éste. En una carta a un amigo, Émilie Teste manifiesta que un rasgo importante del modo de ser de su marido reside en su capacidad de mostrarse estricto: «No creo que nadie pueda serlo tanto como él. Le parte a uno el alma con una única palabra, y yo me siento como una vasija mal lograda, que el ceramista arroja a la basura. Es estricto como un ángel, estimado Señor»[56]. La valiente esposa no sólo recuerda el símil de la vasija de la carta de san Pablo a los Romanos, con la que las decisiones inescrutables de Dios sobre la salvación o condena de cada una de las criaturas se defienden frente a las objeciones humanas, parece que también está familiarizada con las referencias de Platón a las ausencias de Sócrates cuando escribe sobre situaciones de su marido: «se aventura, muy lejos del tiempo usual, en un abismo cualquiera de dificultades [...]. Me pregunto qué sucede allí con él [...]. ¡Hay que haberlo visto en tales excesos de ausencia! ¡Entonces se muda su rostro, palidece! [...] ¡Un poco más de esa autoinmersión y estoy segura que se haría invisible!»[57]. Madame Teste menciona además una conversación con un sacerdote católico que caracterizaba a su esposo como un «monstruo de aislamiento» y reconocía en él signos de una arrogancia satánica; pero, dado que la arrogancia real exigiría convertirse en una característica efectiva, «en esa alma demasiado ejercitada» la arrogancia se vuelve contra sí misma y se neutraliza convirtiéndose en una capacidad, no determinada en ninguna dirección, de superioridad frente a todo. Monsieur Teste es demasiado arrogante para la arrogancia,

---

[56] Paul Valéry, *Werke, op. cit.*, pág. 331.
[57] *Ibidem*, pág. 334.

demasiado libre para el libertinaje. El orgullo de la existencia completamente intelectualizada sigue la máxima: desprecia a tu prójimo como a ti mismo[58]. Todavía en 1934, cuarenta años después de la invención de su figura experimental, anota Valéry: «Bien (dijo Monsieur Teste). Lo esencial está contra la vida»[59].

Interrumpo aquí estas referencias a variaciones o niveles de desarrollo del esquema platónico de muerte aparente, añadiendo la observación de que, a la vista de la abundancia de la tradición, su elección podría considerarse casi arbitraria. La aventura veteroeuropea de la mortificación en pro del conocimiento puro abarca entretanto una era de casi dos milenios y medio. Ni un historiador de las ideas ni un tipólogo podría ser tan temerario como para creer que puede agotarse el contenido de una época de tal amplitud con unos pocos sondeos como los que se acaban de exponer. De todos modos, los rastreos realizados permiten enterarse lo bastante de la peculiaridad del objeto como para permitir el establecimiento de algunas constantes significativas. Me conformo con los tres rasgos más importantes, sin los que el arte de la anticipación de una muerte bella en pro del saber no se entendería: nombro en primer lugar la retirada de la vida profana; segundo, el fortalecimiento del testigo excéntrico; tercero, el cambio de la pequeña subjetividad por el alma grande.

Voy a ser breve por lo que se refiere al primer punto. En mi libro *Has de cambiar tu vida* he dedicado un largo capítulo al fenómeno de la retirada, y allí hablo pormenorizadamente de los procedimientos de extrañamiento frente a la existencia

---

[58] Cfr. algo parecido en Paul Valéry, *Cahiers*, op. cit., cuaderno 6, págs. 618-ss.

[59] Paul Valéry, *ibidem*, pág. 629.

habitual, procedimientos a los que llamo «secesión»[60]. Toda vida teórica y ética es en cierto sentido secesionista, porque se basa en la decisión de dar la espalda a lo probable, que une a la mayoría, con el fin de mudarse a lo improbable. La vida en la secesión realizada mediante el pensar se debe a esas técnicas de distanciamiento gracias a las cuales los seres humanos se trasladan a la zona especial de la teoría.

En el libro citado expuse todo esto desde la perspectiva de las formas de vida éticas de gran alarde, que no pocas veces se malentienden como «religiones»; y esto es aplicable casi del mismo modo para los sujetos de ambiciones epistémicas. Lo que Husserl llamó *epojé* no se entendería apropiadamente si sólo se quisiera ver en ella un acto mental y nada más. La reserva radical de asentimiento a lo dado abarca en realidad mucho más que la mera «puesta entre paréntesis» de la actitud diaria frente al mundo y la vida. En los dos milenios y medio últimos la *epojé*, ampliada a la existencia entera, adoptó las proporciones de una migración de pueblos de lo real a lo posible. Esta migración, que en todas las épocas emprendieron innumerables individuos, se presenta la mayor parte de las veces en las sociedades estamentales como un paso del estamento tercero (burgués) y segundo (noble) al primero, el clero. Pero «clero» es sólo una dirección vaga para emigraciones sutiles. Éstas abarcan el éxodo permanente de la inteligencia del letargo, engloban la permanente secesión del sentimiento ético de la vulgaridad realmente existente, llevan a cabo la transgresión permanente de los límites de lo que se es capaz para alcanzar virtuosismos superiores. Un folclore político, marchito ya, mientras tanto, de comienzos del siglo XX pretendió reclamar

---

[60] *Du musst dein Leben ändern, op. cit.*, cap. 6, «Erste Exzentrik. Von der Absonderung der Übenden und ihren Selbstgesprächen», págs. 338-378.

transitoriamente la *epojé* permanente como revolución permanente contra la sociedad institucionalizada, con los resultados conocidos.

Tampoco sobre el segundo punto es preciso hablar aquí en detalle. Los puntos de partida desde los que se intentó fortalecer el testigo interior –que asiste al proceso de la vida como si en el alma propia se hubiera colocado un puesto de observación excéntrico– se han codificado de muchas maneras en la historia del principio espíritu. La desvinculación de la observación de la vida local apareció bajo muchos nombres en el curso de la evolución mental. En la filosofía de la antigua India el sujeto desinteresado, que subyace a toda existencia interesada, se llamaba *atman*, que en principio significa tanto aliento como espíritu y que está emparentado con la palabra alemana *Atem* [aliento, respiración]. A él contrapuso el budismo una especie de atención «desalentada». El platonismo respondió a Oriente con su descubrimiento de la «psique noética», que en la filosofía europea se trata como esa alma pensante a la que no afecta el paso del tiempo. Los platónicos latinos (como también san Pablo) adoptaron esa figura bajo el nombre de *homo interior*, con el que se designa una instancia espiritual que queda tras la detracción del hombre externo: un motivo que todavía Husserl repitió en sus experimentos mentales sobre la autoconstrucción por destrucción del mundo. Los estoicos transcribieron ese residuo espiritual mediante la imagen de la «estatua interior», para cuya configuración ha de comprometerse la vida en ejercicio. Místicos medievales hablaron de la chispa del alma o del sutil habitante de la ciudadela interior. A comienzos de la Modernidad, Adam Smith, en su teoría de los sentimientos morales, introdujo el «observador imparcial» interior, al que le fue encomendada la tarea de aconsejar al individuo en conflictos de sentimiento, y que por regla general aboga por una moral distinguida. Los idealistas alemanes pusieron de relieve el sujeto trascendental, que se interpreta a veces como el puesto de avanzadilla del espíritu absoluto en el sujeto individual. Finalmente, los postidealistas evocaron un sujeto crítico, que puede ver en lo oscuro y que consigue trascender los «contextos de obcecación» de la decadencia generalizada. En la redacción más reciente del mito del testigo, la realizada en la teoría de sistemas de Luhmann, se habla de un observador que observa inteligentemente las actuaciones de otros observadores; con lo que el pensar, sin relación con puntos externos de anclaje de la «verdad», sirve como diferencial entre observaciones de primer y de segundo (o superior) orden. En todas las variantes de la conciencia de testigo se postula una inteligencia más o menos excéntrica (excentrizada siempre hacia adentro), que por su fuera de juego, conseguido metódicamente, consigue ganar un cierto grado de visión de conjunto y en profundidad. La serie entera muestra una tendencia entrópica, como si al espíritu le incumbiera la obligación de profanarse progresivamente a sí mismo.

Al igual que el motivo de la retirada del mundo exterior y la figura del testigo interior, también la tercera característica común de las culturas de muerte aparente, el cambio del yo local por un sí mismo superior, es una materia demasiado amplia para tratarla aquí apropiadamente. En las referencias que he hecho antes a la inversión de la relación entre cazador y presa en Giordano Bruno remití al significado del esquema de cambio de sujeto para todo el ámbito de influencia del platonismo y neoplatonismo. De tal cambio se sigue una retórica de la muerte en parte monástica, en parte civil, en la que la desaparición del conocedor en lo conocido es el precio natural que hay que pagar por el acceso a verdades superiores. Falta hasta hoy una historia de las ideas, científicamente satisfactoria, que trate de la muerte bella en la teoría; por eso no sólo existen motivos personales para que yo pueda hablar aquí sobre estas cosas simplemente insinuándolas y sin aparato erudito.

La mirada a la tradición confirma en todo caso la tendencia fundamental de esta consideración: fueron las virtudes epistémicas de los muertos aparentes las que habían de cualificar a esos monstruos exquisitos para las profesiones teóricas. Ciertamente hoy ya no se habla claramente de las relaciones patéticas entre autoaniquilación y método, se ignora el estruendo teatral metafísico y uno se conforma con cursos de introducción, aparentemente anodinos, en los que las antiguas virtudes de los muertos se ponen discretamente al alcance de las nuevas generaciones: se enseña a la juventud académica a buscar el punto de vista suprapersonal sin que tenga que ayunar o rezar para ello. Se instruye a los novicios de la teoría en la atención a lo general en lo particular y a lo particular en lo general, se despierta en ellos el sentido para el lado formal de todas las cosas y así se los inicia, del modo más disimulado, en la autoaniquilación de los pensantes. La moraleja de la historia reza también hoy: las personas han de hacerse tan invisibles como sea posible detrás de sus medios conceptuales. En las ciencias naturales los observadores humanos se retiran completamente tras los «cálculos» hechos con observaciones mediante aparatos, y sólo entra en juego el «factor subjetivo», y tan discretamente como sea posible, en su interpretación.

Cuando en los dedicados a la teoría esta retirada de lo propio, demasiado propio, se hace carne y hueso, el primado del método se convierte en segunda naturaleza y la primacía del objeto en una necesidad casi «personal». Por regla general la ciencia se ejerce hoy como una profesión habitual, como si la participación en el proyecto epocal de dominio del mundo se hubiera convertido en una tarea rutinaria. A menudo, frente a la profesionalidad epistémica hay una segunda vida en situaciones libres de ciencia, en las que el sujeto de la teoría se siente más o menos claramente constreñido a las formas de percepción y pensamiento de la vida ordinaria. La existencia en lo cotidiano sirve así de ejercicio de compensación no declarado frente a parcialismos inherentes a la ciencia practicada profesionalmente. A la cotidianidad de la vida se une la extracotidianidad del arte para reproducir la implícita abundancia de las experiencias vitales espontáneas bajo formas explícitas. Contamos con el arte para no sucumbir ante las artificiosidades de nuestra relación con el mundo y con nosotros mismos producidas por la ciencia.

4
Modernidad cognitiva
Los atentados contra el observador neutral

Señoras y señores, el curso de la exposición nos ha llevado a una encrucijada de la que salen tres caminos. El primero nos conduce directamente a la salida, porque se podría pensar que estamos objetivamente en la meta y que hemos sacado del tema todo lo que se puede conseguir de él bajo las premisas actuales. Si eligiéramos ese camino podría cerrar el acta y darles las gracias en este mismo instante por su atención. Tomaríamos el segundo camino si siguiera un consejo de Max Bense, quien recomendaba que en medio de la reflexión abstracta se recurriera insistentemente a personalidades concretas de pensadores con el fin de «transformar esa apenas confesada inhumanidad del espíritu en una bella inmediatez»[61]. En ese caso esta conferencia debería terminar con el estudio de algunos ejemplos del entorno local: un plan del que por motivos fácilmente comprensibles desisto. Por último, caso de emprender el tercer camino, tendríamos la ocasión de llevar hasta el final la gran narración comenzada; y esto es lo que quiero hacer con la brevedad requerida.

Parece que en este campo se pueden solucionar rápidamente las cosas y conformarse con la constatación del resultado que ya anuncié al principio. De hecho, al final de la historia no

---

[61] Max Bense, *Vom Wesen deutscher Denker oder zwischen Kritik und Imperativ*, Múnich/Berlín 1938, pág. 7.

es posible duda alguna: la modernidad epistemológica se ha decidido, en el frente más amplio, a romper con las sublimes ficciones de la razón desinteresada y a apelar a los cognoscentes para que vuelvan de sus artificiosas mortificaciones. Si hay un punto necesitado de interpretación en este caso es el que trata de la valoración apropiada del proceso, sea que se le cuente entre los buenos servicios emancipatorios de la Modernidad, sea que se lo evalúe como un crimen oculto de consecuencias indeterminadas. Para ambos modos de ver las cosas pueden aportarse argumentos. Dado que la eliminación de los muertos aparentes de la cultura moderna de la racionalidad se llevó a cabo en un clima de revuelta contra la tradición, parece que el punto de vista dramático es en principio el más plausible. Los rebeldes antimetafísicos lucharon en primera línea por la aniquilación del poderoso «fantasma» que había encantado a las gentes de la era metafísica con quimeras de un más allá anticipable en la vida misma.

Con estas indicaciones podría darme por satisfecho y despachar sin más la despedida de los modernos del angelismo cognitivo –es decir, de la metafísica del alma noética separable–, si no fuera porque en la matanza del muerto aparente no hubiera actuado una coalición tan grande de conjurados. La liquidación del sujeto paleoeuropeo de la teoría no fue en modo alguno obra de un único asesino. Resultó, más bien, de una plétora de polémicos desarrollos paralelos, cada uno de los cuales contribuyó lo suyo al resultado final. He contado en total diez agresores, cada uno de ellos impulsado por motivos particulares a su ajuste de cuentas con el fantasma del ser humano teorético. Es de suponer que con recuentos más a fondo la lista se alargaría: confeccionada apropiadamente equivaldría a una historia común de la ciencia, la filosofía y la política en Europa desde finales del siglo XVIII. Su tema global sería el acontecimiento capital del moderno pensar occidental, que podría llamarse la secularización del conocimiento: un proceso que se manifestó a la vez como una politización del conocimiento y que ya pronto se ramificó en variantes naturalistas y culturalistas. Fueron sobre todo las vanguardias de la reflexión moderna desde la muerte de Hegel las que incentivaron un proceso tumultuoso contra la tradición clásica: de él surgió lo que hoy se llama pensar desde una disposición fundamental postmetafísica. Ese proceso se llevó a cabo objetivamente como una crítica de la razón neutral.

Quiero referirme por última vez a la dramática imagen del angelocidio para describir qué destino preparó la modernidad cognitiva al monstruo sagrado de la antigua teoría del conocimiento, al muerto aparente retirado de la vida en pro del conocimiento. Diez conjurados se unen, diez puñales se desenvainan para el gran ataque y, aunque no todas las puñaladas se asesten al mismo tiempo, sí se juntan en un efecto común. Renuncio a relatar escénicamente cómo se abatió al ángel de la teoría por los peldaños de la academia, pero permítanme al menos, señoras y señores, recorrer a toda prisa la serie de los agresores. Dado que hasta ahora no ha aparecido ningún Marco Antonio que estuviera dispuesto a pronunciar el discurso fúnebre en honor de la excelsa víctima de la conjuración epistemológica, alguien tiene que comenzar intentando llenar ese vacío. Pero dado que no quiero estimular ni al pueblo de Roma ni al de Tubinga a la venganza frente a los conjurados, sino que más bien solicito la comprensión para los motivos de los asesinos, sin denegar el respeto a la víctima –y sin hacer un juicio sobre su capacidad de resurrección–, me conformo con presentar la lista de los agresores y con insinuar sus motivos.

En primer lugar hay que mencionar el reimplante de la teoría en la praxis, que en Alemania se relaciona sobre todo con los impulsos provenientes de los neohegelianos. En ese viraje se anuncia una situación meteorológica general en la que se revoca el distanciamiento de más de dos mil años del *bíos theoretikós*. Se podría decir también con suave *understatement*: comienza el segundo experimento democrático, en tanto que la democracia, como se ha insinuado antes, sólo es otro nombre para significar la priorización de la vida práctica y política frente a cualquier otro proyecto de existencia. En ella, consecuentemente, las magníficas ficciones de la vida contemplativa se degradan a formatos modestos. La gran palabra democracia señala la prioridad del *common sense* frente al pensar heroico: establece el *prius* de la solidaridad frente a los ideales de grandeza individual, anuncia la preeminencia del bienestar común frente a los intereses de felicidad de individuos prepotentes. Como representante de otros muchos pensadores de esa tendencia puede citarse el nombre de Karl Marx. Aunque puede que se trate sólo de un testigo dudoso a favor del interés por la democracia, no puede dudarse de su papel de precursor en la supeditación de la vida teórica a la práctica. Con su obra se relaciona la irrupción fatal de lo real en la esfera de la teoría. Fatal este giro, sobre todo, porque Marx interpretó la esencia de lo real no sólo como producción material, sino también como lucha por la apropiación de los productos, por consiguiente como lucha de clases perenne (hasta la victoria final de los productores), con el resultado de que todo pensar se vio forzado desde entonces a tomar postura en los frentes en cada caso actuales de la lucha más larga. Resulta innecesario mostrar en detalle por qué no pudo haber otro reajuste más radical de la cultura de la racionalidad de la vieja Europa que el giro militante que para el historiador de las ideas va unido al principio fundamental del marxismo: donde había contemplación ha de haber ahora movilización. Con la introducción previa a la revolución de marzo de 1848 del militantismo y su apriori de guerra civil en la filosofía, comienza la catástrofe perenne de la teoría ya no pura.

En segundo lugar, cito el alejamiento del pensar moderno de las ficciones del soberanismo epistémico. Aquí hay que mencionar antes que a nadie a Friedrich Nietzsche, cuyos impulsos teóricos desembocan en una crítica de la razón perspectivista. En sus aportaciones a la crítica de la razón Nietzsche suministró nada menos que la prueba de que todo conocimiento es de carácter local y de que ningún observador humano consigue una imitación tan perfecta del ojo divino como para trascender realmente el emplazamiento propio. Por eso el consejo de la nueva crítica del conocimiento es no salirse nunca más de la propia piel, haciendo honor al fantasma de una sabiduría suprapersonal, sino introducirse completamente en ella para agotar hasta el final la oportunidad cognitiva que conlleva la perspectiva incontestable de una existencia singular. Resulta innecesario explicar cómo debido a ello la ciencia se acerca a la bella literatura y la teoría se transforma en confesión; sin que se pueda decidir de antemano sobre la prioridad de lo uno o de lo otro.

En tercer lugar quiero abordar un ataque estrechamente emparentado con los dos anteriores: lo llamo la infiltración del principio clásico de «apatía» por el pensar partidista. Como representante de toda una armada de intelectuales que rindieron homenaje al principio del «partidismo» citaré aquí a Georg Lukács. Entre los pensadores del siglo XX le corresponde un rango tan sobresaliente como problemático, por cuanto tras su conversión al marxismo intentó hacer del principio de «conciencia de clase» el apriori de todas las actividades intelectuales moralmente aceptables. Con ello no sólo contribuyó lo suyo a bombardear la academia paleoeuropea con la categoría combativa de «ciencia burguesa», con cuya ayuda podía difamarse cualquier forma no marxista de configuración de teoría acusándola de complicidad con «lo dado», sino que, como apologeta de la política exterminadora de Lenin y Stalin, Lukács también tomó parte en la glorificación de la «violencia revolucionaria» en la Unión Soviética (cuyas víctimas alcanzan magnitudes de entre 25 y 40 millones de vidas humanas). Hizo todo lo necesario por desacreditar el pacifismo lógico, sin el que, como he insinuado antes, la heterotopía de la esfera académica –y su reflejo en el pacifismo civil de la república de los sabios– no habría podido existir. Desde este punto de vista, el humanista y clasicista Lukács, que con frecuencia fue tratado como un *outsider* por los organismos oficiales comunistas, es la figura clave, trágica y larvada, y por eso no expuesta a crítica directa la mayoría de las veces, del fascismo intelectual de izquierdas del siglo XX: el fascismo transvasado a la teoría, efectivamente, se basa sin excepción en la sobreelevación de la lucha a última instancia de realidad, igual da que se utilice la jerga de la derecha de lucha de razas o la de la izquierda de lucha de clases.

En cuarto lugar coloco la subversión de la cultura occidental de la racionalidad por el análisis fenomenológico, que asentaba toda teoría sobre el fundamento preteórico del «estado de ánimo». A este respecto hay que recordar sobre todo a Martin Heidegger. Este pensador pertenece inequívocamente al movimiento que salió de los tres atentados anteriormente citados contra la teoría pura. Cuando se achaca a Heidegger regularmente su proximidad transitoria a la «revolución nacionalsocialista» de 1933, tales recriminaciones sólo pueden valorarse de forma correcta si se las encaja en el contexto de la retirada del nuevo pensar de las tradiciones de la racionalidad contemplativa, a la que Heidegger, arrepentido, quiso retornar tras su caída. Su caso resulta instructivo sobre los peligros de la militancia que llevó a numerosos pensadores de la modernidad a querer convertirse en órganos de la «revolución», de la «historia» o del «acontecimiento». Mientras no contemos con una crítica profundamente aguda de la razón «encajada», incluso análisis tan minuciosos como los del innegable pecado original de Heidegger se quedan en un valor limitado. Habitualmente delatan más sobre la condición de los acusadores que sobre los motivos del acusado.

Mencionaré en quinto lugar la conmoción que en la creencia en el conocimiento desinteresado de las ciencias naturales modernas ocasionaron especialmente los acontecimientos de Hiroshima y Nagasaki. Con esos dos apocalipsis nucleares de agosto de 1945, la hasta entonces indiscutida disciplina reina de las ciencias naturales, la Física, perdió definitivamente su inocencia y se vio relegada de nuevo al disturbio de las luchas de titanes. Las consecuencias de eso las sacó sobre todo el físico-filósofo (implicado en el desarrollo fallido de la «bomba alemana») Carl Friedrich von Weizsäcker al acuñar la fórmula «ciencia y responsabilidad», imprescindible ya para todo futuro. Con ello no sólo formuló una máxima ético-cognoscitiva para las ciencias naturales en la civilización técnica, sino que puso también las bases de una tarea inagotable del pensamiento: la de redefinir la configuración de esoterismo científico y exoterismo político.

Cito en sexto lugar la voladura del pensar sistemático filosófico y de la cosmovisión científico-natural por el existencialismo. También este suceso remite a la primera mitad del siglo XIX: su escena primordial sucedió cuando Kierkegaard objetó contra Hegel que en la construcción de su sistema había olvidado al individuo realmente existente. Este punto de partida llegó a su culmen en torno a la mitad del siglo XX, cuando, bajo el estímulo de las fenomenologías de Husserl y Heidegger, Jean-Paul Sartre expuso su carismática doctrina de la existencia comprometida, que pertenece al complejo de las infiltraciones de la razón contemplativa por actitudes militantes, con la diferencia específica de que los comprometidos al modo de Sartre no invocan un mandato de la «historia» o de la «revolución», sino que se apoyan exclusivamente en una elección existencial abismática. Como es sabido, Sartre (antes de venderse a sí mismo de rebajas, deliberada y pelotilleramente, a la sociología marxista) interpretó la esencia del ser humano como un excedente de negatividad que se hace valer en un permanente despegue de lo fáctico y acostumbrado. La metáfora teatral del «compromiso» delata cómo, en el siglo XX, incluso una doctrina profunda de la libertad humana pudo ser utilizada para colaborar en la destrucción de la contemplación.

En séptimo lugar cito la infiltración del trajín discursivo académico por la sociología del saber, que desenmascaró la apariencia de teoría objetiva, demostrando la estricta vinculación de todos los discursos habituales con los patrones académicos de éxito y los juegos de lenguaje de las mayorías en el poder. Max Scheler fue el primero que ya a comienzos del siglo XX extrajo de estos análisis un resumen impresionante, al poner de manifiesto en sus estudios sobre sociología del saber la ligazón insuperable de los conocimientos a los *intereses*. De este modo, los tres tipos fundamentales de saber distinguidos por él: saber de formación, saber de salvación, saber de dominio, se corresponden con los tres grandes complejos, antropológicamente deducibles, de intereses en la formación, la salvación y el dominio. Con la palabra aparentemente inocua de «interés» –desde el siglo XVII un seudónimo civil de las pasiones– se consumó la catástrofe de la teoría pura. Forzó incluso a las formas más sublimes del conocimiento al reingreso en el escenario de la vida que toma postura. Mencionemos de paso dos conceptos y citemos dos nombres que siguen estando en boca de todos los académicos: la teoría de paradigmas de Thomas S. Kuhn y la teoría del discurso de Michel Foucault. No queda claro por el momento cómo hay que interpretar estas prospecciones, si como etnologías imparciales del campo teórico o como exposiciones críticas del conformismo discursivo.

En octavo lugar tomemos en consideración los intentos del feminismo de desenmascarar todas las ordenaciones discursivas que se han desarrollado hasta ahora como fabricaciones de una masculinidad dominante. De pronto se hizo evidente lo bien que desde siempre se las arregló lo masculino para hacerse pasar, también en el ámbito de la búsqueda de conocimiento, como personificación de lo humano. La infiltración de las ficciones de una ciencia hipotéticamente asexuada, de hecho casi exclusivamente masculina, por la investigación de los *genders* se remonta a los comienzos del movimiento de liberación de la mujer, aunque sólo en los años setenta del siglo XX llega hasta el punto de proclamar una epistemología feminista explícita. La tesis de la determinación genética del comportamiento epistemológico va acompañada por regla general de la alusión a su subestimada determinación corporal. La materialidad de lo corporal, a su vez, parece que depende siempre de manifestaciones de poder específicamente culturales. Baste aquí remitir al nombre de Judith Butler y a su influyente estudio *Bodies That Matter* (1993)[62].

Cito en noveno lugar la refutación que de la apatía en la teoría lleva a cabo la neurología contemporánea, que ha aportado recientemente la prueba de que las conexiones entre lógica y

---

[62] En alemán: *Körper von Gewicht. Gender Studies*, Fráncfort del Meno 1995.

emotividad están ancladas en las estructuras cerebrales humanas más profundamente de lo que consigue captar cualquier autoobservación por despierta que sea. Así, también los resultados de esta disciplina desembocan en la exigencia de dar carpetazo al sueño de una teoría apático-noética pura. En este punto hay que remitir ante todo a António R. Damásio, que con sus estudios sobre la organización de la conciencia humana y animal no sólo ha desenmascarado como insostenible el dualismo «cartesiano» de razón y sentimiento, sino que ha puesto de relieve asimismo el papel clave del sentimiento en todos los procesos cognitivos[63].

En décimo y último lugar coloco la superación del mito del aislamiento del cognoscente en la investigación científica reciente. En este caso el nombre relevante es el de Bruno Latour, que es a la vez el artífice de la exigencia teórico-políticamente subversiva de la reinclusión de los expertos. Desde ahora, éstos ya no pueden presentarse como embajadores externos procedentes del mundo de las ideas, ya no son los emisarios de potencias ontológicas extranjeras como los átomos, las estrellas o los cuerpos platónicos, ni pueden ya apelar a su misión de representar un saber exterior en una sociedad de ignorantes. Más bien han de entenderse en el futuro como coproductores de conocimientos que se elaboran en las sociedades del saber y circulan en parlamentos diversos[64]. Como la técnica, también el saber científico hay que comprenderlo como «prolongación de

---

[63] António R. Damásio, *Ich fühle, also bin ich. Die Entschlüsselung des Bewusstseins*, Múnich 2000.

[64] Cfr. Peter Sloterdijk, «Ein Philosoph im Exil oder: Der Mann, der die Wissenschaften liebt», *laudatio* en honor de Bruno Latour por la concesión del Premio Siegfried Unseld en Fráncfort del Meno el 28 de septiembre de 2008.

las relaciones sociales con otros medios»[65]. ¿He de explicar por qué el décimo puñal duele especialmente a la víctima ya abatida? Una vez más, el ser humano teórico levanta fugazmente la mirada y dice al último agresor, abrumado por un asombro perplejo: «¿También tú, mi Bruto?».

Partiendo de una sinopsis así en diez puñales, podría componerse una crítica de la razón teórica que sustituyera las propuestas hechas hasta ahora de redescripción de los campos científicos de los modernos. Algunas propuestas, no sin interés al respecto, presentó Pierre Bourdieu en sus estudios sobre la sociología del *homo academicus*, que quiso que se entendieran como una *Crítica de la razón escolástica*[66]. En mi opinión esos ensayos, por muy estimulantes que sean, no están realmente conseguidos porque permanecen en los límites de un sociologismo anticuado[67]. No obstante, se aprende de ellos en qué medida el escenario contemporáneo de la teoría, sobre todo el francés, que el autor conoció bien, se parece a una feria de las vanidades. Muestran cuán profundamente lo humano, demasiado humano, sobre todo la lucha por el prestigio y la preeminencia, marcan el comportamiento de la clase dedicada a la teoría. Bourdieu demostró claramente un darwinismo específicamente científico, en el que rige la ley de la supervivencia de lo más mediocre. Desveló además un hobbesianismo correspondiente, según el cual el teórico es un lobo para el

---

[65] Bruno Latour, *Der Berliner Schlüssel. Erkundungen eines Liebhabers der Wissenschaften*, Berlín 1996, pág. 50.

[66] Pierre Bourdieu, *Meditationen. Kritik der scholastischen Vernunft*, Fráncfort del Meno 2001.

[67] Para el relevo de la sociología convencional, cfr. Bruno Latour, *Eine neue Soziologie für eine neue Gesellschaft. Einführung in die Akteur-Netzwerk-Theorie*, Fráncfort del Meno 2007.

teórico. Donde Bourdieu fija con más exactitud la mirada, ofrece una seria sátira de las costumbres del mundo académico. A veces se acerca tanto a la materia que las instituciones del saber, que consideradas a una distancia mayor parecen firmemente ensambladas, se descomponen en un mosaico vibrante de pequeñas batallas discursivas.

Señoras y señores, hemos llegado al final de nuestra tentativa de hoy. Soy consciente de que sería un fallo acabar con una pespectiva tan sombría como la que ofrecen las alusiones desilusionadas de Bourdieu a las maneras del *homo academicus* completamente mundanizado. Sería un fallo no sólo desde el punto de vista retórico, sino también desde el punto de vista objetivo. En efecto, la reinstalación de las ciencias en el mundo de la vida –por utilizar una vez más el sonoro concepto de Husserl– y la resurrección de los científica o filosóficamente cognoscentes a una existencia encarnada, con todas sus implicaciones en pasiones e intereses, no sólo fueron atentados contra la vieja y respetable tradición según la cual el conocimiento sólo cabe en suerte a los olvidados de sí, que han cambiado su yo empírico por el espíritu suprapersonal. Los desarrollos mencionados tampoco fueron meras concesiones al experimento cognitivo de la Modernidad que Nietzsche llamó «inversión del platonismo». Trajeron consigo, a la vez, inevitables metamorfosis de la idea de ciencia, que redundaron en beneficio del traspaso de aquel negocio ambicioso, frágil e improbable al mundo contemporáneo. Donde la metamorfosis tuvo éxito aún puede observarse hoy una correlación positiva entre discreción y método en muchos integrantes de profesiones teóricas. Sigue existiendo en muchas partes un profundo avenimiento entre ascesis y cultura discursiva, por más que los arrebatos metafísicos de antes ya no se consideren dignos de crédito. Incluso hoy, a pesar de numerosos desarrollos problemáticos, la filosofía y las ciencias pueden cultivarse como noble ejercicio de la vida consciente, aunque, efectivamente, el angelismo ingenuo haya agotado ya su papel. Los fieles actores de la vida en las profesiones teóricas testimonian con su ejemplo diario que entre la muerte y la vulgaridad ha de haber todavía una tercera opción. ¿Y quién puede excluir que el ángel de la teoría no cruce de vez en cuando el espacio? ¿Quién podría permanecer fiel al oficio del pensar, si no hubiera momentos ocasionales que nos permiten adivinar de lejos qué sucedió con Sócrates cuando se quedó parado en el portal a la escucha de sus voces interiores?

Para articular la gloria y la miseria de la vida teórica, quiero dejar la última palabra a un poeta. De hecho son hoy los poetas, más que los filósofos, quienes consiguen dar expresión a la existencia en la *epojé* involuntaria del ser humano melancólico y en la discreción voluntaria del observador excéntrico. Abandonamos el mundo, no pocas veces estrecho y constrictivo, de las disciplinas científicas y entramos en la esfera de una marginalidad soberana cuando leemos en el *Libro del desasosiego del ayudante de contable Bernardo Soares* de Fernando Pessoa:

> ¡La gloria nocturna de ser grande sin ser nada! La grave majestad del esplendor desconocido... Y siento, de repente, la excelsitud del monje en la soledad, del eremita en el desierto, que sabe que Cristo está presente en las piedras y en las cavernas apartadas del mundo.
> Y en mi mesa, en este cuarto absurdo, miserable, yo, pequeño empleado anónimo, escribo palabras que son la salvación de mi alma, y me doro con la imposible puesta de sol sobre montes lejanos, grandes, altos, con mi estatua, el sustituto de

las alegrías de la vida, y mi anillo de la renuncia, joya inquebrantable de desdén extático, en mi dedo de apóstol[68].

Señoras y señores, no me queda más que darles las gracias por su presencia, generosidad y paciencia.

---

[68] Fernando Pessoa, *Das Buch der Unruhe des Hilfsbuchhalters Bernardo Soares*, Zúrich 2003, pág. 18. [Seguramente, debido a las condiciones del original, este texto, y por tanto su traducción, se desvía un tanto del de la edición preparada, traducida, introducida y anotada por Ángel Crespo, en Seix Barral: Fernando Pessoa, *Libro del desasosiego de Bernardo Soares*, Barcelona 1997, pág. 38. *(N. del T.)*.]

Agradecimientos

Esta lección –parte del texto que aparece aquí– fue pronunciada el 22 de junio de 2009, en el marco de las Unseld Lectures adscritas al Forum Scientiarum, en el Auditorium Maximum de la Universidad Eberhard Karl de Tubinga. Las Unseld Lectures aúnan los esfuerzos por el diálogo interdisciplinar que impulsan el Forum Scientiarum de la Universidad de Tubinga y la *edition unseld* con sus programas y actividades.

La Fundación Udo Keller Forum Humanum inició las Lectures y las patrocina.

Peter Sloterdijk

**Obras de Peter Sloterdijk
publicadas en Siruela**

En el mismo barco (1994)

Normas para el parque humano (2000)

Crítica de la razón cínica (2003)

Esferas I (2003)
Burbujas

El sol y la muerte (2004)

Esferas II (2004)
Globos

Sobre la mejora de la Buena Nueva (2005)

Esferas III (2006)
Espumas

En el mundo interior del capital (2007)

Ira y tiempo (2010)

Temperamentos filosóficos (2010)

Celo de Dios (2011)

Muerte aparente en el pensar (2013)